CARTAS A PEDRO

Guía para un psicoterapeuta que empieza

Loretta Zaira Cornejo Parolini

CARTAS A PEDRO

Guía para un psicoterapeuta que empieza

4ª edición

Serendipity

Desclée De Brouwer

1ª edición: noviembre 2000
4ª edición: junio 2024

Henao, 6 - 48009 Bilbao
www.edesclee.com
info@edesclee.com

Impreso en España

ISBN: 978-84-330-1537-2
Depósito Legal: SE-36-2004

Para Diana,
mi hermana, mi amiga, mi apoyo,
mi conciencia, mi cómplice, mi ejemplo de vida.

Para Flavio,
al que aún seguimos extrañando tanto.

La Psicoterapia es cuestión de piel, cuestión de poros y de olfato.
Si no ponemos a disposición del paciente nuestro pellejo,
nuestros afectos, nuestra energía, más vale no intentarlo.
Tal vez esto sea para algunos algo exagerado; para otros, no tan
necesario; pero para ellos, los pacientes, es algo primordial.

ÍNDICE

Introducción 13
1. La base para ser psicoterapeuta 17
2. Tu espacio de terapia 21
3. El modo de hacer sentirse bienvenido al paciente ... 27
4. El clima emocional 33
5. El terapeuta "tonto" 41
6. Los miedos del terapeuta 47
7. Qué decir en las sesiones: sobre Señalamientos e Interpretaciones 61
8. Los casos en que deseé no ser psicoterapeuta 65
9. ¿Qué encuadre teórico escojo? Acerca del uso del diván y otras técnicas 73
10. El uso del tiempo y sus secuencias 79

11. Fechas especiales que hay que trabajar 85
Los cumpleaños 86
Las Navidades 93
Los lunes 99

12. El préstamo de las palabras: los pacientes a los que les es difícil hablar 103

13. Cuando a veces conviene no escuchar 115

14. Contando historias 121

15. Algunas Técnicas Gestálticas que te pueden ayudar 141

16. Cosas sueltas 175

17. Para terminar 181

Muchas gracias 185

INTRODUCCIÓN

El hecho de escribir estas cartas a Pedro surgió desde que el mayor de mis sobrinos, Pedro, dijo que quería presentarse a la universidad para estudiar psicología.

El tiempo que transcurre en Perú antes de tener que escoger finalmente en qué profesión uno quiere especializarse es de dos años. En estos dos años, se llevan estudios de ambas grandes divisiones: asignaturas de matemáticas, de historia, de filosofía, de lógica, etc.

Con esto quiero decir que Pedro puede, en estos dos años, optar por otra profesión que no sea la de psicólogo ni la de psicoterapeuta, pero al menos, estas cartas, si no son para él, pueden servir a otros Pedros, Lucías, Marinas, Alejandros y tantos otros que lleguen a graduarse como tales.

Como todo lo que hago en mis seminarios, este libro también parte desde el corazón intentando que, de algún modo, el cerebro ordene mis intuiciones y mis emociones acerca de este trabajo tan maravilloso que es la psicoterapia. Espero no ser aburrida, sino que cada capítulo sea como una charla que llega de piel a piel –y que va entrando en los poros más, que en la cabeza– sobre lo que significa ser psicoterapeuta, sobre lo que significan los pacientes para nosotros y lo que significamos nosotros para ellos.

Los capítulos no tienen un orden necesario, como tampoco lo tiene un proceso terapéutico.

El orden viene dado después, tal vez incluso cuando se finaliza el proceso. Me es muy difícil ser lo suficientemente científica como para ceñirme a unos objetivos y dedicarme sólo a ellos, a que se cumplan, a que se alcancen.

La visión que tengo del paciente es la de un ser humano que momentáneamente está sufriendo, o al menos está confundido, o está solo o mal acompañado. A veces, los objetivos terapéuticos teóricos pueden encajar con su proceso, pero otras veces es necesario medir con el corazón, con la mirada interna que debemos tener hacia el dolor del otro.

Muchas veces los pacientes me preguntan, sobre todo al inicio de la terapia: "No sé para dónde estamos yendo", "no sé hacia dónde me quieres llevar".

"Es más sencillo que todo eso –les respondo–; ahora tan sólo estamos caminando, conociendo, viviendo, pero verás que una vez que hayas andado un buen trecho, cuando mires hacia atrás, comprenderás qué hemos estado haciendo y hacia dónde nos estamos dirigiendo".

En la terapia, sobre todo al inicio, es difícil saber hacia dónde se va, al menos para el paciente; eso lo debe tener claro el terapeuta, y tener claro significa que muchas veces tendremos que cambiar de objetivos, de caminos y de instrumentos.

Hace unos años vino la corriente, traída por el movimiento humanista de cambiar el término *pacientes* por *clientes*.

Yo siempre me he negado a ello.

Clientes siempre me ha sonado a una transacción comercial, y sé que lo que doy no es un asunto tan sólo de dinero, sino de compromiso y de desgarros.

En inglés se dice la misma palabra, bussiness, a: "negocio" y/o "asunto", "problema"; por eso no es raro que la palabra cliente se aplique tanto a una situación comercial, de negocio, como a una situación de terapia, de ayuda al dolor.

A los *pacientes* los llamo así no tanto por el término antiguo que venía de "padecer", de "ser dolientes", como por lo que dice su palabra: ser paciente. Y eso es lo que he visto en ellos a lo largo de mi proceso de ser psicoterapeuta. La paciencia que han tenido conmigo, con mis errores, con mis aciertos, con mis propios procesos de vida y de muertes, con mis viajes, mis abandonos momentáneos y más permanentes.

Por todo esto sigo manteniendo este término, porque son personas que a pesar de sus sufrimientos y malestares tienen la paciencia de comprendernos y aceptarnos.

1

LA BASE PARA SER PSICOTERAPEUTA

Querido Pedro:

Hoy quisiera hablarte del ser humano, de ese ser que un día llamará a tu consulta para ser atendido; tal vez tú te alegres de esa llamada y al mismo tiempo te asustes. No es fácil ser terapeuta, lo sé, a pesar de todos mis años siéndolo, intentándolo. Hasta ahora, siento lo mismo que la primera vez: la alegría del encuentro, el temor a fallarle, el miedo a no saber o no poder, la inseguridad en mis habilidades y capacidades, el temor a no ser comprendida, a ser criticada o rechazada.

No son emociones simples las que se viven; son profundas, eternas y muchas veces repetitivas, que desgastan, que agotan. Y todo esto tan sólo refiriéndonos a nosotros mismos, sin tener aún al paciente delante.

Por esto es importante lo que te quiero decir y qué es esto.

Creo que la base para ser psicoterapeuta es tu amor al ser humano en general. No creo que lo importante sea el creer que lo puedes ayudar, o que está en tus manos el poder arreglar algo en el otro. Creo que ése es un camino equivocado. No se puede ayudar ni se puede arreglar lo del otro si antes no lo amamos.

Y es por lo que te planteo: ¿cuánto amas a las personas en general? Un amor lo suficientemente bueno como para poder entregarte al proceso a pesar de los cansancios, o de lo difícil del caso, o de los obstáculos que tanto tú como él encuentren en el camino, obstáculos tanto externos como internos.

Es necesario recordar constantemente que el paciente no viene a sesiones para reforzar nuestro narcisismo, ni para hacernos sentir importantes porque en este caso nosotros tomamos el rol del que ayuda al otro.

Muchas veces he visto y escuchado cómo algunos terapeutas se sienten orgullosos de sus éxitos, de sacar a un paciente del hueco.

Yo no creo que sea ésta la cuestión; tengo muy grabado lo que me enseñaron los Polster, Erv y Miriam: "no hay buenos terapeutas, sino buenos pacientes". Y creo que eso es una verdad inmensa. A nosotros nos queda ser responsables de nuestra función, preparándonos enormemente con nuestro trabajo personal, con supervisiones, lecturas, formación, mantenernos al día, etc., para brindar multiplicidad de herramientas en las cuales el paciente pueda ensayar y escoger; pero son ellos, no lo olvides nunca, los que han hecho posible que su proceso siga adelante.

Por desgracia, en el caso contrario, no sucede lo mismo: malos terapeutas pueden dañar muchísimo a una persona; pero de esto ya hablaremos más adelante en otra carta.

Todavía recuerdo con escalofríos cuando una vez escuché a un famoso psicoterapeuta que decía que lo más bonito de esta profesión era ver cómo venía el paciente como una masa de arcilla y cómo, con nuestras manos, íbamos convirtiendo esa masa en una obra de arte.

¡Qué equivocado es todo esto, mi querido Pedro! Ni el paciente es una masa de arcilla ni de nada, ni nosotros somos los artistas. El paciente ya es lo que es, y lo único que va a suceder en el proceso terapéutico es que va a empezar a abrirse: primero ante nosotros, pero sobre todo ante sí mismo; nosotros tan sólo lo acompañaremos, le brindaremos la ayuda necesaria o la no ayuda si eso es lo que necesita, y seremos testigos de su renacer. Tan sólo eso. Nos mataremos por él simbólicamente hablando una y mil veces, pero como lo haríamos con algo muy valioso que ha sido dañado, que llega a nuestras manos y que protegemos, cuidamos e intentamos encontrar los medios para reconstruirlo, repararlo. Pero esa obra de arte no es nuestra, es del artista primero o, para llegar más allá, de la humanidad.

No peques nunca de considerarte parte responsable de su vida, de sus artes y potenciales.

Conserva siempre tu sitio: el del partero que ayuda a dar a luz, pero que ni es el bebé que está naciendo, ni es la parturienta que está trabajando para que nazca con dolor y amor.

Tu sitio es tan sólo el del que está al lado, para lo que sea necesario, para lo que tú le sirvas, le sostengas, le contengas.

Pero todo, todo lo demás es de él y para él.

2

TU ESPACIO DE TERAPIA

Hola:

Hoy quería hablarte del espacio de terapia. Ese sitio donde atenderás a tus pacientes, los recibirás y estaréis muchas horas juntos.

Hoy conversaba con una paciente, y me decía que lo bonito era llegar a un sitio grato donde todo estaba dispuesto de modo agradable, como para favorecer que uno se sienta cómodo.

"Eso no significa –me decía–, que si uno está muy mal, todo desaparezca mágicamente, pues a veces por más que uno lo intenta, no es así, pero ayuda mucho. Personas agradables, que sonríen, y un sitio cálido, dispuesto para relajar, para que se guarde en el recuerdo de uno, cuando ya no necesite venir más, como un sitio seguro, un sitio que esté conectado con sensaciones de armonía, y se deje de lado esa seriedad y esa distancia que a veces he encontrado cuando he ido a tratarme".

Mi espacio de terapia (Loretta).

Creo que tiene razón. Tú sabes que en UmayQuipa, tanto en la de Lima como en la de aquí, siempre hemos tratado a lo largo de los años de poner un bonito "consultorio", como lo llamamos en Perú, con paredes de colores cálidos, inclusive de colores fuertes; todavía recuerdo cuando pintamos los despachos de Madrid el "alucine" de los pintores cuando íbamos con nuestras mezclas para que pintasen las paredes. "¿Están seguras? –nos decían– ¿no tienen miedo de que los pacientes se 'loqueen' o Uds. se aburran de los colores? Nunca hemos visto una consulta así, ¿no quieren que la pintemos en blanco?".

Pero nosotras en ese momento, todas las mujeres del equipo, nos mantuvimos en nuestro deseo o capricho y la verdad no han quedado tan mal. Cada despacho es de un color diferente, cada una lo escogió a su modo, lo decoró a su modo, y creo que al final eso es lo que prima: la personalidad de cada una, el modo de ser donde nos sentimos cómodas.

Por eso es importante que decores tu espacio de modo que tú te sientas cómodo, pero nunca descuidando el que el paciente se sienta a gusto, donde no se marquen las distancias, donde haya aromas relajantes, como entrar al campo dentro de la ciudad. Unos días ponemos canela, otros naranja, otros rosas y así vamos variando; y flores, plantas, colores cómodos pero brillantes, que animen, que ayuden a levantar el ánimo y la esperanza cuando hay tanto desconsuelo o simplemente el cansancio del día.

Trata de que tu mesa sea cómoda para ti pero no un refugio para esconderte detrás ni una barrera entre el paciente y tú. Es conveniente que haya unas butacas cómodas, donde pueda hacer los ejercicios de relajación o imaginación, si no tienes la posibilidad de tener además un sofá; luces indirectas, además de la central del techo, ya que para los dibujos tal vez se necesite esa luz mejor para poder ver lo que se está haciendo.

Luego tu estilo que sea personal, no tanto que pongas cosas personales sino tu estilo: puede ser austero (el vacío fértil), o botánico (lleno de plantas) o artístico (con cuadros o pequeñas esculturas); lo importante es que la persona se sienta a gusto, cómoda, no se asuste, ni sienta que la decoración es antes que él (tanto lujo o severidad que es imposible soltarse).

No sé si trabajarás frente a frente, o con cojines en el suelo o con diván, pero sea cual sea la técnica que escojas, cuida y pon amor en los detalles del despacho, ya que lo aséptico no debe estar reñido con lo acogedor.

El diván de Freud, ya lo conocerás cuando vayas a Londres nuevamente, era precioso como toda su casa, y da gusto ver ese jardín y esos grandes ventanales por donde entra la luz.

Supongo que sus pacientes se sentían a gusto al caminar por esas calles llenas de árboles y trinos de pájaros tanto cuando iban como cuando se marchaban de la sesión.

También es importante, si puedes tener luz natural, una ventana que dé a la calle donde se pueda mirar si es que el paciente quiere dejar de mirarnos.

La ubicación de las sillas es mejor que sea de modo oblicuo, nunca totalmente frente a frente, ya que permite que nuestra mirada o nuestro estar no sea tan persecutorio. Si es posible, la silla o sofá del paciente que mire en sentido contrario al de la puerta para que, en el caso de que alguien abra la puerta sin aviso, se proteja su intimidad.

En mi caso también tengo una mesita adicional a mi lado para papeles y regalos que me han hecho, como ambientadores de velas, aceites, mi pluma, etc; y en medio de los dos encima de una alfombra una mesita de desayuno de madera de color verde, donde ponemos las tazas de té y un corazón rojo anti-estrés para los adolescentes o quienes quieran mantener sus manos ocupadas mientras hablan, así lo aprietan o lo bailan entre sus dedos.

Bueno, espero haberte dado un poquito la idea de lo que es importante para tu espacio de terapia, un bonito nombre para lo que será casi tu casa por muchos años y el sitio donde tus pacientes se abrirán a ti y tú a ellos, donde ambos se conocerán, se reirán, se asombrarán y sesión a sesión tendrán una mayor comprensión de todo el proceso que está ocurriendo en cada uno, de diverso modo, pero igual de importante.

Mi espacio de terapia (Loretta).

3

EL MODO DE HACER SENTIRSE BIENVENIDO AL PACIENTE

Querido sobrino:

Hoy quería hablarte acerca de las bienvenidas. ¿Te parece extraña esta palabra en un libro acerca de la Psicoterapia y de ser psicoterapeuta? Pues no es tan raro, a mi modo de ver.

Creo que este concepto es importante y es la base de todo vínculo, de toda relación que puedas establecer con tus pacientes.

Por esto es por lo que en la carta anterior te planteaba si amabas al ser humano y hasta qué punto lo hacías y eras consciente de eso.

¡Son tan importantes las bienvenidas!; en todas partes, en todo el mundo. Cada uno tiene una forma diferente de hacer sentir al otro que nos alegramos de verlo, de esperarlo, de recibirlo. Cada cultura la hace diferente y a veces, dentro de los marcos teóricos profesionales, por discusiones de tipo "científico", nos hemos olvidado de ser y hacer como el mundo de afuera, considerándonos diferentes a todo aquello que rodea al paciente, el mundo real y cotidiano.

Mis Sesiones (Pirem, veintidós años).

"Mis Sesiones:

El río significa lo que relaja.
El reloj de arena, el tiempo que indica cuándo se termina la sesión para nuevamente empezar a volver.
Los árboles y las flores: nosotras dos.
El sol: la energía y el poder bañarnos.
Los caramelos: la confianza. ¡Es bonito el bosque y además hay caramelos!
Lo que está con aspas en azul, lo más oscuro, es el mundo de afuera".

(Pirem, veintidós años)

Hay muchas teorías o muchas lecciones que se encargan de hablar acerca de la neutralidad del terapeuta, de su asepsia; en muchas incluso se recomienda no tocarlo, es decir, ni darle un apretón de manos y menos, ¡por supuesto!, un beso.

Esto ha ido corriendo por el mundo y por los años, y a veces se ha exagerado mucho. He conocido a compañeros que muchas veces ni miran a sus pacientes cuando los reciben en la sala de espera, ni cuando los despiden, si es que los despiden. Basándose en esta sabida neutralidad se ha pecado a veces creo yo de indiferencia, de rigidez extrema, de frialdad y una ortodoxia que va más en defender al terapeuta que en proteger al paciente.

Tú sabes desde que eras chiquito y nos visitabas a tu mami, a Verónica y a mí en el consultorio, cómo hacemos y somos con los pacientes. Siempre los hemos recibido con alegría, con un beso tanto a los niños como a los mayores, si es que percibíamos en sus cuerpos, en sus movimientos, que iban a ser bienvenidos, que no lo iban a tomar como una invasión ni una intrusión. Con otros, más dañados a veces en cuanto al contacto corporal, hemos respetado sus tiempos, su espacio psíquico defendido, hasta que ellos mismos nos dieran las señales para poder acercarnos y tocarlos.

Siempre he creído necesario que lo mínimo que les debemos a nuestros pacientes es una sonrisa de bienvenida, una voz alegre y afectuosa, una mirada "de verdad", intentando calladamente percibir, antes de que empiece a hablar, cómo viene hoy, y tener algún dato de referencia importante para poder establecer este clima emocional que necesitan para poder empezar una sesión y comenzar a abrirse, a recordar dolores, a exponerse a nuestras miradas y pareceres.

Muchas veces, cuando me reunía con compañeros que me criticaban porque decían que seducía a los pacientes, que no era "ortodoxa" porque usaba muchos elementos para que ellos se sintieran cómodos, se sintieran bien y que ésa no era mi función, yo les preguntaba: "¿Y cuál es nuestra función?, ¿fastidiarlos más de lo que ya están?, ¿ser duros, distantes, amargos, ansiógenos con nuestros silencios, para que se quiebre un poquito más de lo que ya viene?"

Nunca he negado que los seduzco; al contrario, siempre lo he aceptado y es algo que he querido enseñar siempre a mis alumnos: "¡Seduzcan a sus pacientes!". ¿Y de qué seducción estamos hablando? De la seducción básica que parte de toda relación donde hacemos que el otro se sienta querido, aceptado, cómodo; de una seducción que parte de mi apertura y mi honestidad para tratar con ellos, de la sencillez de las palabras, de la espera y el respeto de los tiempos de cada uno, aunque sean muy largos, aunque sean violentos.

Tú sabes que a los adultos siempre les hemos ofrecido una taza de té cuando llegan a su sesión; es una costumbre que empezamos tu mami Diana, Verónica y yo hace ya muchos años en Lima. Esto hace que la sesión transcurra de un modo más afectuoso, y, en invierno, sobre todo, ¡es tan rico hablar y trabajar nuestras heridas con una taza de té de canela y clavo, o de naranja y especias!

Hace muchos años que ejerzo de terapeuta, ¡casi un cuarto de siglo! Y desde mi revisión constante, no creo que hemos dañado a nadie por esas largas horas con una mesita de té por medio; al contrario, todo se hace más cercano, más comprensible, más asequible.

Lo importante que quiero que te quede de esto no es tanto que el servir una taza de té sea una técnica más, sin contenido, como lo que representa: la calidez de nuestros encuentros a lo largo del proceso terapéutico.

En UmayQuipa, tanto en la de Lima como en la de Madrid, siempre hemos intentado que el paciente que llegara, tanto niño como adulto, sintiera que nos alegrábamos de su llegada, que era especial, aunque ese día tuviésemos más pacientes; que era querido, que era extrañado si es que no venía. Y que después de la sesión también había una despedida cálida, afectiva, cercana. Un beso grande, un toque en la espalda que le haga sentir, no sólo oír, que nos hacemos cargo de su historia, de sus recuerdos, de su llanto y de sus risas.

Leí hace poco en un libro la historia de un paciente que durante muchos años se había tratado con un terapeuta y que cuando terminó su tratamiento de seis años, lo único que recibió fue un apretón de manos y un ligero brillo en los ojos que indicaba cierta emoción de su terapeuta por la despedida. Y lo que habían trabajado eran cosas muy gordas, muy terribles, y él se había sentido muy ayudado. Años después inició una terapia con Winnicott y cuál fue su sorpresa cuando al tocar el timbre Winnicott le salió a recibir con una taza de té en la mano, le dio un cálido abrazo y le demostró tanta alegría de verlo que sintió que al menos alguien en el mundo lo esperaba a él y se ponía contento.

Por supuesto, cuando leí esto hace unos meses, no sabes la calma que me invadió; pensé: uno de los grandes maestros también hacía lo mismo, también ofrecía té y también tocaba.

Lo más triste es que tenga que encontrar en un libro la calma de que lo que te estoy diciendo está bien. A veces la teoría es implacable, pero a veces no es ésta sino nosotros los humanos con nuestras barreras y nuestras defensas quienes manejamos la teoría a nuestro servicio.

Bueno, en la próxima carta quisiera hablarte más de lo que llamamos el clima emocional necesario para todo paciente.

4

EL CLIMA EMOCIONAL

"Cómo me siento hoy"
Angélica (cincuenta años).

Hola Pedro:

Me ha contado tu madre que hoy empezabas la universidad. Aunque me habías escrito que te daba flojera empezar, y lo entiendo, ya que es pleno verano y cuesta dejar las playas y la buena vida; te comenté que la vida universitaria era una de las etapas más bonitas de la vida, y sé que cuando pase un poquito más el tiempo, tú dirás lo mismo.

Bueno, como te prometí, hoy quería hablarte del clima emocional.

¿Qué es esto del clima emocional? Es algo muy sencillo de definir pero a veces es muy difícil ser conscientes de lo necesario que es. Como todas las cosas en este mundo, de lo más sencillo lo más obvio es justo aquello de lo que menos nos damos cuenta.

El clima emocional sería todo aquello que el terapeuta debe brindar al paciente para que éste se sienta acogido, confiado, aceptado, querido y desde esto pueda abrirse y trabajar sus heridas, sus conflictos o sus problemas.

Este clima emocional para la mayoría de los que van a terapia es justamente algo de lo que han carecido, sobre todo, pacientes muy dañados psíquicamente, y otros, aunque no tanto, por una serie de circunstancias de su propia biografía, no han contado con esto.

Por esta razón es necesario que nosotros les brindemos este clima de sostén, de acogida, de reposo, de contención.

A veces no es muy difícil crearlo en las primeras sesiones. Muchas veces con la novedad, con la ilusión de un paciente nuevo, es fácil, como toda relación que empieza, dar lo mejor de nosotros mismos, tener veinte oídos y diez ojos, una mente despierta y la palabra sabia. Pero como en todas las relaciones, la novedad pasa…

Tienes que recordar siempre que nuestra función, nuestro rol es el de terapeuta, y que este clima emocional debe conservarse siempre, a pesar de…, a costa de…

No podemos pedirle al paciente una serie de recursos, de acciones, si es que nosotros mismos no somos capaces de poner un poco de fuerza y de empuje en crear este clima emocional lo suficientemente bueno, de modo constante y permanente.

Este clima del que te hablo no tiene nada que ver con patrones preestablecidos, con directrices tipo consignas: "Lo que un buen terapeuta debe hacer para triunfar", por ejemplo. No, por desgracia no tiene nada que ver con esto. Tiene que ver con actitudes básicas de relaciones humanas, hasta con características propias de nuestra relación con cada paciente.

A ver si te lo puedo explicar un poco.

Hay un clima emocional básico que creo que todo el mundo necesita y del que ya te he hablado antes. Crear el ambiente necesario para que el paciente se sienta aceptado a pesar de sus vergüenzas, entendido a pesar de su confusión, ¿cómo se logra esto? Con actitudes mínimas pero muy humanas.

Con una escucha atenta. La gente muchas veces me dice que tengo muy buena memoria, ya que generalmente no apunto las sesiones, y me pregunta que cómo hago para acordarme.

"Simplemente escucho", es mi respuesta. Con esto no quiero decir que no esté bien apuntar lo que dicen los pacientes. Creo que cada uno debe encontrar sus propios medios de retener lo que escucha. Lo que sí creo que es importante es que muchas veces se deja de mirar al paciente, de acompañarlo con nuestra atención, por tratar de transcribir casi de modo literal lo que nos está diciendo. Lo importante no es tener escrito exactamente lo que se nos va diciendo, sino conceptos, relaciones, asociaciones con palabras anteriormente dichas. Pero lo más importante es que él se sienta cómodo con nuestra atención y dedicación a su discurso. El clima emocional partiría en este caso de poder transmitirle la sensación de que nos importa lo que dice y cómo se siente cuando lo dice, y el poder interrumpir inclusive su discurso para preguntarle sobre algo que hemos observado.

Otra de las condiciones básicas para establecer este clima emocional sería la de que una vez que el paciente llama a nuestra puerta y lo hagamos pasar, seamos plenamente conscientes de que ese momento, ese espacio nuestro, ese tiempo es para él.

"¡Pero tía –me dirás– eso es algo lógico!". Sí sé que lo es pero aunque no lo creas muchas veces no sucede así. Existen lo que llamamos interferencias internas e interferencias externas.

Déjame aclararte.

Interferencias externas serían todas aquéllas que vienen producidas por personas ajenas a nosotros dos, terapeuta y paciente: que alguien abra la puerta, que llamen por teléfono, por ejemplo. Un paciente merece toda nuestra atención y esta atención no puede ser compartida con otras personas. Sé que hay colegas que tienen el teléfono dentro del despacho y atienden a las llamadas; ¿qué quieres que te diga?, no me parece bien. Es muy difícil el momento, aunque sea un momento bueno, cuando se abre uno ante el otro, cuando se escucha lo que el otro nos dice, para que seamos interrumpidos por una llamada telefónica. Y aunque al paciente no le moleste, no se debe hacer. Por respeto a él, a sus momentos, a sus tiempos. Por brindarle la sensación de que al menos en ese momento estamos con él. Y a las personas que llaman también les estamos enseñando algo, que se llama tolerancia a la espera, a la angustia y a la frustración. Es parte de ser terapeutas; a no ser que sea un caso gravísimo de urgencia, toda persona puede esperar 45 minutos a que le devuelvan la llamada, y ese tiempo también es necesario para aprender y respetar el sitio de los otros, la espera.

A veces sucede que como no somos omnipotentes, no podemos, por más que queremos, controlarlo todo. Es decir, algunas veces sabemos que nos llamarán con urgencia, o que tendremos que atender a la puerta. Si esto no se puede solucionar, es mejor avisarle por anticipado que tal vez tengamos que interrumpir la sesión por un momento o que nos tocarán la puerta y tendremos que salir por unos minutos. Así el paciente se irá preparando internamente a esa interferencia y se acomodará de acuerdo a como se estructure mejor.

Cuando hablo de interferencias internas me refiero a nuestras sensaciones, y sobre todo, a nuestros propios problemas cotidianos, que nos agobian muchas veces como a cualquier ser humano. Un terapeuta debe ser capaz, en lo posible, de poder dejar fuera del despacho, una vez que entra el paciente, su mundo externo. El paciente tiene derecho a ese tiempo con nosotros y a una escucha atenta y completa. Es cierto que al inicio de la práctica esto muchas veces no es fácil; se requiere un entrenamiento constante, pero cuando me refiero a entrenamiento no estoy hablando de ir a que nos entrenen en esto, sino en ser conscientes siempre de que nos distraemos de la escucha por problemas ajenos a la sesión, y volver a retomar la atención sobre el discurso, sobre la persona que está frente a nosotros. Si lo hacemos repetidamente, si nos centramos en esto y lo asumimos como parte de un deber de nuestra función, poco a poco irás lográndolo casi sin darte cuenta, ya lo verás.

Como te decía al principio, la mayoría de los pacientes que vienen a tratamiento no han tenido un clima emocional adecuado: muchos han tenido madres afectuosas pero nada sostenedoras; otros han tenido madres frías y distantes; otros padres ausentes, rígidos dentro de las formas, incapaces de ponerse en el sitio del hijo, de identificarse con sus necesidades. De ahí la importancia de nuestro hacer y ser, de convertirnos y asumir ese papel por un tiempo, de vislumbrar estas carencias y dar los soportes adecuados para que este paciente se pueda estructurar desde un sitio diferente al acostumbrado, al sitio que lo hizo enfermar.

No todos pueden responder igual, ni todos responden. Muchas veces están tan acostumbrados a ser maltratados, que un buen trato los angustia y los vuelve más agresivos, más intolerantes. No tengas miedo de esto. Simplemente están probando si lo que muestras a nivel de tus actos y tus palabras es cierto, o es que eres una persona más de las muchas que dicen las cosas para hacer lo contrario, como les pasó ya antes.

El paciente no tiene que creer en ti ni en la terapia de primeras. Eres tú el que tienes que creer en ti y en lo que haces. El paciente no está para reforzarte si eres buen profesional o no, si sirves o si ayudas. Para eso está tu supervisor, tus maestros, tus colegas o tú mismo.

El paciente está para ser escuchado y para ser él, con lo que él es en ese momento, y muchas veces no está en su mejor momento ni en el más agradable. Pero como les digo a mis alumnos, si él estuviese mejor, ¿para qué vendría?

Es necesario que les demos todo un soporte para que desde ahí puedan poco a poco ir dejando sus anteriores modos de funcionar y relacionarse, y una vez que hayamos descubierto juntos otros nuevos, según sus estilos, puedan dejarlos y atreverse a probar los nuevos para luego integrarlos a ellos como partes de sí. Muchas veces este soporte se hace muy cansado o pesado, sobre todo cuando en el día (a veces hay esos días) son varios lo que han venido muy mal y han necesitado soporte y contención extra de la habitual. Pero ellos tienen ese derecho y nosotros el deber de prestarlo. Como si fueran únicos (siempre desde un principio de realidad, por supuesto), como si fueran los primeros del día. Ellos necesitan de nosotros la confianza en que ellos, aunque se sientan muy mal, podrán hacerlo, podrán salir de donde se encuentran.

Es importante que el paciente sienta de nuestra parte que confiamos en sus recursos, aunque veamos que tiene muy pocos, y que confiamos en sus partes positivas, que por mal que uno se sienta o esté, siempre hay. Nuestra función es encontrarlas y hacérselas ver, y desde ahí trabajar con ellos para un crecimiento menos doloroso, menos carenciado.

Como ves, esto del clima emocional no es tan sencillo como parece, ya que casi están contenidas en él todas las pautas que son necesarias para una psicoterapia. Pero también es difícil no salirse del camino y a veces somos más tolerantes con nosotros mismos y más intolerantes con los pacientes, cuando debería ser al revés.

Si les damos una relación humana diferente a la que han tenido durante muchos años, si impregnamos su inconsciente de un modelo de estar con el otro, de ser hacia el otro diferente al vivido, será más fácil para ellos aceptarse y vivir en el mundo que los rodea; si por el contrario no les mostramos este modelo de relación y de hacer, haremos más difícil todo este aprendizaje y además les repetiremos patrones de relación que los han dañado.

Los muros que siento dentro de mí y que pongo a los demás (Paula).

5

EL TERAPEUTA "TONTO"

Hola:

Hoy quería hablarte del terapeuta "tonto". Sí, estás leyendo bien, del terapeuta tonto.

Esto es algo que constantemente enseño y repito a mis alumnos. El terapeuta no debe entenderlo todo, saberlo todo. Cuanto más tonto sea, más sabio y buen terapeuta será.

"¿Cómo se come eso?", te estarás preguntando. Pues muy sencillo.

El sitio del terapeuta es un sitio muy peligroso, muy arriesgado. Es muy fácil creerse el dueño de la razón, el que todo lo sabe, el que todo lo dice. Como decía Lacan, somos el Sujeto Supuesto Saber, pero tan sólo "supuesto", lo que no quiere decir que no lo seamos. Pero siempre esto es tentador, a veces porque nos lo creemos nosotros mismos y otras porque el paciente nos pone en ese sitio y nosotros necesitamos creerle para reforzar nuestro narcisismo.

Como te decía más arriba, un terapeuta tonto es un terapeuta sabio, al que le interesa escuchar del paciente sus propias explicaciones, cómo describe con sus propias palabras un término, una película. No sabes cuánto daño le hacemos cuando damos por sentado todo lo que dice, cuando creemos que ya le hemos entendido, aunque haya dicho muy pocas palabras.

Muchos terapeutas dan por entendido cosas que muchas veces ni siquiera han escuchado, consciente o inconscientemente. Es como si tuvieran el mandato de hacer ver que son mentes rápidas, listas, que entienden a la primera, sin necesidad de que el paciente se explique. Yo no creo que esto esté en lo cierto. No todo el mundo se enamora de la misma manera, ni para todo el mundo un problema es lo mismo, ni para todos la separación de un ser querido tiene las mismas consecuencias. Te transcribo por ejemplo un diálogo que ocurre con frecuencia:

Dice el paciente:

"Bueno, supongo que Ud. sabe cómo se siente uno cuando se le muere alguien"

El terapeuta listo diría:

"Sí, no se preocupe, continúe".

El terapeuta tonto diría:

"No, no lo sé, ¿cómo se siente?
"Pues aliviado, la verdad, porque esta vez no me ha tocado a mí."

Como verás, ésta era una respuesta ni esperada ni siquiera presumible, pero el terapeuta listo se la perdió, aunque demostró a sí mismo y al paciente que sabe mucho, que tiene experiencia en estas cosas (ya sean personales o por su trabajo) y que nunca o tal vez mucho más tarde se enterará de que este paciente siente las muertes de este modo. En cambio, el terapeuta tonto, al que no le importa que el paciente crea en realidad tonto, o falto de experiencia, o falto de todo, con su pregunta sí le dará ese espacio al paciente para que articule su enunciado, para ser escuchado y escucharse a sí mismo, porque a este terapeuta le importa más el paciente que lo que el paciente piense de él. Y ése es uno de los trabajos del terapeuta: que antes está el paciente –el cuidarlo, darle ese espacio para que se exprese, defina, detalle sus emociones, sus pensamientos y pareceres– que la necesidad de que el paciente nos crea inteligentes, rápidos, enterados de todo y hasta adivinadores.

Cuántas veces he dicho a mis pacientes que no entiendo, que no sé de lo que me hablan o de lo que ellos suponen que debo saber, cuando no lo han dicho ni expresado. Yo me puedo hacer responsable de lo escuchado, de lo visto, de lo hablado y trabajado entre nosotros pero no de lo supuesto, de lo que todo el mundo sabe y presupone.

Uno de los objetivos de la terapia, tanto de niños como jóvenes y adultos, es que la persona aprenda a hablar, a expresarse de modo menos confuso, que logre transmitir lo que está sintiendo, pensando. Y si yo le ahorro palabras, le ahorro energía para buscar la palabra que contenga mejor su sensación o su vivencia, no le estoy ayudando a ser y mostrarse.

El paciente que viene a sesión no se ha dado cuenta hasta ahora de que pese a que fuera en el mundo hablamos mucho, constantemente, este tipo de lenguaje nos sirve sólo para escondernos dentro de las palabras, para alejarnos de nuestras emociones o desdibujarlas.

Pero cuando otro nos pide que le digamos cómo nos sentimos, qué nos pasa y qué deseamos, si nos escucha atentamente verá que estas palabras no sirven, y tendrá que empezar a buscar otras, aquéllas que nunca se dijeron por no escucharlas él mismo. El hecho de poner en palabras ante otro incluso nuestra confusión hace que poco a poco, desde el inconsciente y desde lo consciente, se tengan más herramientas para poder expresarnos de otra manera, y utilicemos el lenguaje para acercar más al otro hacia nuestro mundo o para acercarnos más al mundo del otro.

Imagínate, yo, extranjera en España, cuántas preguntas he tenido que hacer ya no sólo para entender situaciones o costumbres, sino incluso términos que no conocía. Por fonética, por lingüística, más o menos tenía claro lo que me decían, por dónde iban, pero siempre he preferido que me lo digan ellos, que me lo enseñen. Y ha sido uno de los modos más preciosos y más ricos de conocer el país en el que vivo ahora y a las personas que lo habitan.

Los adolescentes son los pacientes que más necesitan de esto. Por sus propias emociones, que van y vienen en medio segundo y de modo muy intenso, muchos están bloqueados en el lenguaje y hablan mucho pero con muy poco vocabulario, y además con palabras que se repiten: vale, esto, guay, no sé, etc.; pero este mismo bloqueo del lenguaje hace que se incapaciten, por decirlo así, para las discusiones con los padres o con los adultos, ya que lo que sienten, al no poder definir ni expresar sus emociones de otro modo, es impotencia y después de la impotencia viene la descarga motriz, el *acting* (*): tirar la puerta, largarse de la casa, chillar o insultar, que al final hace que nada se resuelva, ni ellos se aclaren ni los otros lo entiendan.

Los adolescentes son los que más me han enseñado toda esa variedad de emociones que cada uno siente de modo diferente, y en su esfuerzo por tratar de que yo, peruana, entienda el término, han tenido que encontrar otras palabras que fueran más asequibles a mi idioma, pero al mismo tiempo han enriquecido su vocabulario, sobre todo su conexión entre emoción, pensamiento y palabra. Trío muy importante para lograr sentir nuestra identidad y a partir de ella, actuar y ser.

No te preocupes por preguntar, aunque estas preguntas no tienen que ser un interrogatorio, una encuesta; son preguntas que nacen por sí solas cuando el paciente quiera dar por supuesto que lo has entendido y nosotros tenemos la tentación de decirle que sí y, aunque hayamos entendido, nunca menospreciemos la riqueza que sólo él es capaz de poner en su relato si es que le damos esa oportunidad.

Por supuesto que sé que en todo esto siempre hay un sentido humano, un tiempo y una dosificación, y sé que tú eres hábil en eso. Si una persona está llorando a mares, o naufragando en medio de su angustia, si andamos con tanta pregunta pareceremos idiotas de verdad, pero sobre todo faltos de sentido común. Una vez que se haya calmado, que se haya tranquilizado, sí le podremos pedir que por favor nos explique un poco más, algo que tal vez no hayamos entendido.

Como verás, todo es cuestión de estar más atento a lo que el paciente nos muestra y a lo que calla, pero no desde el cerebro ni desde las exigencias, sino desde un puente entre nuestra capacidad de saber estar con él y ayudarlo a que nos enseñe de lo que él más sabe, de sí mismo.

6

LOS MIEDOS DEL TERAPEUTA

Buenas tardes, mi querido Pedro:

Sé que te puedes estar preguntando que todo esto está bien, que son cosas para reflexionar, para tomar en cuenta, pero tal vez te estés cuestionando lo que todos nos hemos preguntado no sólo una vez: ¿es posible la cura?

Yo creo que sí, que existe, pero uno de los pasos importantísimos para que se dé es que tú tienes que estar convencido de ello.

Todo paciente tiene pleno derecho a desconfiar no sólo de la terapia sino también de los terapeutas (si no es crónico ni le limita, sería un índice sano de realidad cuando se empieza un tratamiento). Él no necesita su confianza en nosotros, y nosotros casi tampoco al principio; lo que él necesita es que nosotros confiemos en la terapia, en lo que hacemos, en él y en su cura. Y ellos, por más dañados que estén, perciben si nosotros tenemos esta convicción.

Desde aquí parte toda la articulación sobre la cual vamos a establecer nuestro modo de relacionarnos con él, nuestra paciencia para sus tiempos, nuestro insistir una y otra vez sobre lo mismo sin frustrarnos, nuestro acompañar constante dando fuerza y perseverancia en nuestros encuentros.

Si logramos que el paciente se dé cuenta de que confiamos en todo esto, entonces le estamos brindando las posibilidades necesarias para que pueda estructurarse de un modo diferente, y para que desarrolle, dentro de sí mismo y en su relación con los otros, de un modo no similar al que lo hizo enfermar.

No creo que existan diferencias entre enfermedades en este nivel. Sería como decir que la medicina o los medicamentos no curan. Unos curan más, otros menos, otros ayudan, otros equilibran. Tendríamos grandes charlas, por supuesto, acerca de lo que significa "curarse". Supongo que hay tantas definiciones como personas y malestares. Y lo que es más importante, la cura depende de lo seguro que estés en que es posible hacer algo, en que es posible dar un contexto nuevo para que esa persona pueda empezar a rearmarse y hacerse.

Recuerda siempre esto que te digo. Todo tiene solución, porque no estamos trabajando con un mundo mágico, ni con delirios nuestros; estamos trabajando con principio de realidad y consistencia, y el estar mejor, el "curarse", muchas veces es simplemente disminuir grandemente esa cuota de padecimiento y dolor con que nos llegan, y empezar a ayudarlos a construir otro mundo diferente al vivido anteriormente. Al principio se hará mal, torpemente, artificialmente, como les explico a mis pacientes; es como cuando se aprende a hablar otro idioma: al principio todo lo piensas, qué haces primero,

"Así me siento hoy, llena de 'rayajos', caos, mezcla de colores, negro por todas partes, aunque con ligera luz en el horizonte (esquinas)" (Cecilia, veinticinco años).

cada palabra se traduce, la frase suena artificial, falta de espontaneidad, frases cortadas, etc.; pero eso no es impedimento para no aprender más ese nuevo idioma, sabemos que con la práctica poco a poco eso irá saliendo natural, hasta que ya pensemos y hasta soñemos en ese idioma. Pues la terapia es lo mismo, es aprender un idioma diferente, un modo de leer el mundo, nosotros mismos, nuestro mundo interno, con otro lenguaje, desde otros sitios. Eso le dará al paciente una mayor amplitud de posibilidades, de recursos y de instrumentos para responder a una misma situación. Ya no estará su abanico de respuestas tan restringido y por lo tanto tampoco tendrá tan solo una explicación o respuesta a los sucesos; y el hecho de tener esas posibilidades, esos diversos lenguajes, hace que la persona gane en libertad.

"Cómo me siento cuando me siento mal" (Paula).

Hola, mi querido sobrino:

Hoy se inicia aquí la primavera en Europa aunque allá en América se inicia el otoño.

Me han dicho tu mamá y tu hermano que a pesar de eso en Lima aún hace calor y me alegro, antes de que empiece la "garúa" constante.

Hoy te quería hablar del miedo, pero no sólo del miedo del paciente, sino sobre todo del miedo del terapeuta, máxime del terapeuta que empieza.

Cada vez que superviso a aquellos de mis alumnos que empiezan a tener ya pacientes, los encuentro llenos de dos emociones principales: una, la alegría y excitación de que al fin vayan a empezar a trabajar en aquello para lo cual se han formado y preparado; la segunda emoción es el miedo, el miedo de empezar, de fallar, de no saber, de no poder darse cuenta de todo.

Generalmente yo siempre tiendo a decirles que es cierto y común que exista ese miedo, pero que siempre tienen que pensar, cuando están esperando a su paciente, que el miedo mayor lo siente él. No es fácil conocer a una persona y desde el primer día contestar a las preguntas o empezar a abrirse, sin más. Y es este miedo del paciente el que debe hacer que nosotros estacionemos nuestro miedo en algún sitio y nos pongamos en actitud de hacernos cargo de su hablar, de su petición de ayuda, de su confusión o de su dolor.

El miedo del terapeuta puede ser disminuido grandemente si éste prepara de modo muy responsable su primera entrevista, y además se supervisa. Para mí, es extremadamente importante la supervisión, sobre todo para el que se inicia en estas labores. El mínimo deber que tenemos con nuestros pacientes, además de nuestra terapia personal y nuestra formación, es la supervisión, donde otro profesional con más experiencia pueda hacernos ver por dónde vamos, y nos enseñe a leer y escuchar lo que todavía por la falta de práctica no podemos. Incluso recomiendo empezar la formación antes de tener el primer paciente, para orientarse en cuanto al encuadre, primeras sesiones, el arreglo del despacho, por ejemplo, etc.

Pero "¿todo eso no se aprende en los seminarios?", me podrás decir.

Sí, es cierto, pero en este caso estas supervisiones previas serían ya no de generalizaciones, sino de preguntas más individuales, desde necesidades propias de cada uno.

Todo paciente que acude a su primera cita con el terapeuta confía en que lo podrás ayudar, o al menos necesita que alguien se haga cargo de su angustia o de su sufrimiento. No es justo que porque tú estés con miedo, se te olvide preparar bien esta primera cita, o dejes de escucharlo por las interferencias de tus emociones.

Recuerda siempre que él necesita sentir que al menos uno de los dos está seguro de que la terapia funciona, de que es posible una ayuda, de que tú eres el que ocupa el lugar del profesional.

Esta primera vez es muy delicada, porque, como siempre digo, todo paciente tiene derecho a no confiar en el tratamiento hasta que pase un tiempo, hasta que hayan transcurrido varias sesiones o encuentros dentro del proceso como para sentir que esto puede funcionar. Esta falta de confianza no la veo yo como una resistencia, sobre todo si la persona es la primera vez que empieza una terapia, sino como un indicio sano que significa que necesita más tiempo en una relación para poder confiar.

A veces puede parecer que un paciente no tiene derecho a desconfiar, a no entregarse plenamente al principio del tratamiento, porque está mal, porque es paranoico, porque se está resistiendo. Tal vez esto sea incómodo, o sea más fácil que la persona confíe desde el principio en nosotros, o en la terapia; pero estas confianzas tan de inicio a veces me asustan, puesto que no se basan en la realidad y muchas veces trabajan luego en contra del proceso, ya que la idealización se rompe y hace que todo el trabajo hecho hasta ahora peligre.

Por eso es importante que no te asuste que el paciente la primera vez que está contigo, sea honesto y te diga que no cree en esto, o que tiene sus reservas. Lo que yo siempre les contesto es que lo importante en el principio de nuestros encuentros es que yo confíe, y que ya poco a poco, conforme pase el tiempo, él irá tomando esa parte necesaria de confianza en el trabajo terapéutico, necesaria para una buena alianza terapéutica.

También existen otros tipos de miedo, es decir, pueden existir miedos en otros momentos del proceso de terapia: cuando ves al paciente muy frágil, o muy deprimido, o con una pérdida muy reciente y muy grande que le hace sentirse vacío y sin ganas de vivir o de ilusiones.

O el miedo a que el paciente que viene justo en el límite se psicotice, entre en un proceso delirante y se desconecte de la realidad.

En el primer caso, tienes que confiar en tus recursos y en los del paciente. Tienes que entregarte plenamente en cuerpo y alma, pero sobre todo, más que con teorías, con el corazón. Debes ser capaz de poder darle y prestarle mientras tanto toda tu energía, pero sobre todo tu capacidad de vida y tu capacidad de goce, no regatearle toda posibilidad de afecto desde la palabra y desde gestos que le indiquen que no está solo y que tú estás ahí hombro con hombro, junto a él. Es importante que, en el análisis del caso, revises el entorno de tu paciente, es decir, si es un paciente que ha tenido una pérdida seria, pero, a su lado, existe toda una serie de amigos, de familiares, de buenos vínculos afectivos, ellos serán tus mejores co-terapeutas, ya que tu paciente cuenta con un buen círculo de soporte para ayudarlo a superar su crisis, además de la terapia. Y si esto no es así, es decir, si existen más bien malos vínculos o no existen personas válidas para poder hacer este soporte fuera de la sesión, entonces será necesario que pongas una energía mayor aún, más corazón aún, que le des una mayor cantidad de sesiones en la semana, tal vez una ayuda médica si lo crees conveniente, y un trabajo terapéutico donde pueda empezar a buscar estas personas que le den la oportunidad de establecer vínculos más positivos y duraderos.

A veces hay terapeutas que se asustan de las lágrimas de los pacientes. No me refiero a las primeras lágrimas, porque al menos para éstas ya estamos preparados, sino para las de aquellos pacientes que a pesar del tiempo de terapia aún siguen llorando en las sesiones.

No te preocupes, no es nada malo. Él tiene todo el derecho a llorar dentro de su sesión; para eso va, para eso paga. Lo importante es que una vez que salga, salga más fuerte y más vacío de lo que lo agobia y acongoja, y pueda en su vida diaria funcionar ya sin esas lágrimas torrenciales.

En el caso de pacientes que hablan de suicidio, aunque sea una vez, siempre hay que tomar en serio esa frase y hablar de ello la cantidad de sesiones que sean necesarias. Muchas veces por miedo o por el *shock* de la frase, el terapeuta inexperto prefiere obviar el tema porque no sabe qué decir y qué hacer, de modo que deja al paciente más solo aún con este pensamiento. Es mejor hablar y hablar sobre el tema, como te digo, para darle ese espacio donde, ya sea la fantasía o tal vez el posible acto, tenga cabida y pueda ser hablado sin miedos y sin tabúes. Una vez que esto ocurre, les pido que nunca lo hagan, ya no por ellos sino por mí, su terapeuta, que lo quiere y me causaría un gran dolor. También les pido (si es que la persona ya ha

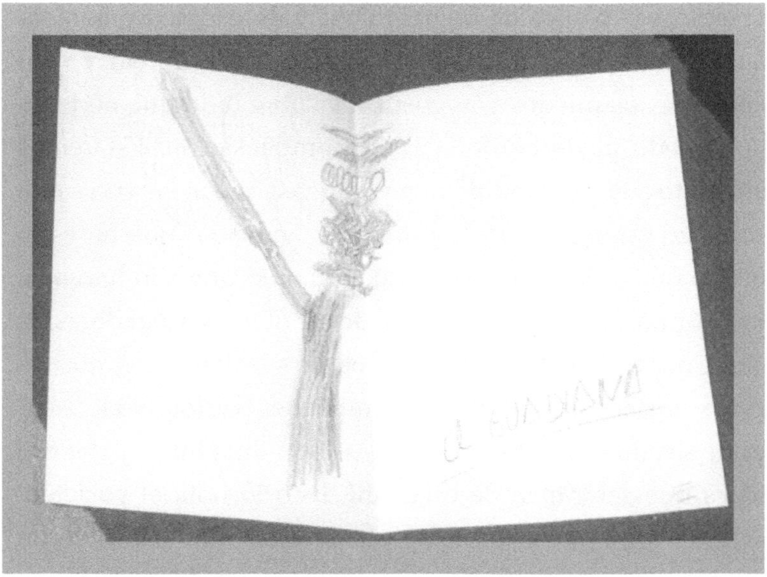

"A veces me siento como el Guadiana, una parte escondida, llena de cosas buenas y malas, y otra más sencilla, más llana, y como el río, hay partes que se ven y otras que no." (Paula).

tenido intentos de suicidio anteriores) que si alguna vez siente que lo quiere hacer de nuevo, que por favor, antes de eso, me llame y hable conmigo. Es una promesa que les pido para continuar con el tratamiento. Como les explico, la terapia es una relación de dos, yo confío en ellos y necesito confiar en que antes de hacer algo irremediable, al menos por el tiempo juntos y el cariño que demuestro constantemente, necesito esa llamada y hablar con ellos.

Respecto al otro miedo, el miedo a que a la persona le dé un brote psicótico, también es lógico que te anule o te paralice. Pero lo último que necesita el paciente es el miedo del terapeuta sobre esto, ya que esto es lo que más siente constantemente, ese pánico de fragmentarse y de cortar con la realidad. Tenemos que transmitirle nuestra tranquilidad y contención a sus miedos y angustias, y sobre todo que no tenemos miedo al desborde, a la descompensación. Estaremos ahí, junto a él, peleándola una y otra vez, todas las veces que sean necesarias. Tratar de calmar su angustia (que no es lo mismo que aplacarla, ya que cuando aplacamos lo hacemos más por nosotros que por ellos), de ser objetos acogedores de lo que nos traiga, de sus monstruos, de sus demonios, que seremos capaces de vencerlos, de empequeñecerlos. No te asustes de sus miedos. No son los tuyos, son diferentes, y por eso tienes que ser capaz de estar ahí. Esto lo nota el paciente. Siempre digo que el paciente puede estar mal, confundido, dolido, pero no es tonto, y si el consciente está bloqueado para darse cuenta, el inconsciente nunca deja de percibir y de darse cuenta. Por eso tenemos que calmarnos, que confiar en las posibilidades que tiene él y en las que hemos trabajado para que desarrolle; si no, no sirve de nada todo lo que hemos estado diciéndole.

Espero que al menos un poquito haya podido transmitirte esto de los miedos. Recuerda que el miedo del terapeuta es normal, pero es solucionable mediante la supervisión, una buena preparación y sobre todo desde tu amor por el que viene y tu contacto hacia él, en ese ubicarte desde el corazón hacia sus terrores y sus dudas. Si lo haces así, verás que tus miedos disminuyen y por un momento se empequeñecen hasta el punto que te será fácil concentrarte en lo verdaderamente esencial de los encuentros, en la escucha desde todo tu ser y hacer.

Hola nuevamente, pero más tarde (o más temprano):

Me quedé pensando ayer un poco sobre esto de los miedos y creo que se me quedó algo por comentarte: ¿cómo poder percibir nuestros miedos como terapeutas (a veces porque vemos muy enfermos a nuestros pacientes otras, porque sabemos que están atravesando una situación bastante difícil; otras veces porque sabemos que el entorno que les rodea no es el ideal, sino más bien frustrante, lleno de obstáculos) y diferenciarlos de los miedos que por un momento pueden inocular en nosotros ellos mismos?

A veces es tal la descarga de angustia depositada en el terapeuta, que si no se está muy atento, si no existe tiempo de metabolizar toda esa carga, puede ser que acabes contagiado de toda esa ansiedad y pánico, y lo confundas con miedos reales que puedes tener acerca de tu paciente.

Tal vez te daría un consejo: hay pacientes que sabemos que de por sí se mueven en función de la ansiedad que generan por sí mismos, no porque lo deseen, sino porque no han tenido personas contenedoras ni calmantes que los ayudaran en situaciones críticas o límite. Cuando atiendas a este tipo de personas, te recomendaría lo que llamamos rituales terapéuticos, es decir, tener claro y tomar una cierta distancia de todo lo depositado en la sesión, dar palabras de tranquilidad, sostén, soporte, pero una vez que se vaya el paciente darte un tiempo de 5 minutos por lo menos, para ver por un instante si todo lo dicho por la persona tiene algo de realidad o viene más de su realidad externa.

Por ejemplo, una paciente te habla de su miedo a que el parto salga mal; todos sus sueños están basados en un no nacimiento y muerte del bebé y hay momentos en que se llega a sentir en verdad mal. ¿Cómo saber si en verdad debes preocuparte, creyendo tal vez que es un dato del inconsciente que manda alguna señal de que algo no funciona? ¿O es más bien ansiedad pura ante el parto?

Sí, ya sé que ésta es una de las grandes preguntas tal vez sin respuesta. Lo importante que te diría es: primero, contener su ansiedad, luego, recabar más información, trabajar los sueños para ver otros significados, y después de que acabe la sesión todo dependerá de lo que conozcamos a nuestra paciente. Si sabemos que es una persona que se alarma con todo por una falta de seguridad y serenidad que no tuvo de niña, entonces nuestro acercamiento debe ir a darle ese apoyo de mamá que no tuvo para que pueda sentirse mamá, decirle que lo más probable es que no ocurra nada y hacérselo saber así, claramente, siempre vigilando si está cumpliendo con sus visitas médicas, dietas, ejercicios, etc.

Si más bien es una persona tranquila en general, tratar de calmarla; pero si el estado de ansiedad persiste, investigar un poco más a fondo los símbolos de los sueños y al mismo tiempo recomendarle que lo hable con su ginecólogo, que él le puede aclarar dudas médicas.

Como verás, es tal la carga de ansiedad que no tiene una causa real actual de peligro, pero puede contagiar fácilmente por la enorme cantidad de angustia descargada en un momento. En el otro caso, es un miedo real que puedes tener por datos que tu intuición, tu conocimiento del paciente y tu proceso te pueden indicar que más bien hay que prestar atención y que puede ser un miedo basado en la realidad.

Al principio te hablaba de ciertos rituales terapéuticos, y es un consejo que doy siempre a nuestros alumnos, que entre paciente y paciente tengan algún ritual que los ayude de modo simbólico a sentir el cambio entre uno y otro, pero al mismo tiempo tenga un significado de limpieza, de expulsión de lo malo recibido. Por ejemplo, un ritual puede ser cambiar de habitación e ir a otra parte de la consulta; otro, regar alguna planta, tomar un vaso de agua, ir al baño a hacer pis, etc.; cada uno encontrará su propio ritual que le signifique el cambio, el despedir a uno, el expulsar la energía negativa que se puede haber recibido y el renovarse para el próximo paciente. Es sólo un momentito, muy pequeño, pero que te signifique un poco lo que trato de explicarte.

Bueno, creo que hoy ya me puedo ir a dormir sin cosas pendientes para contarte.

7

QUÉ DECIR EN LAS SESIONES... SOBRE SEÑALAMIENTOS E INTERPRETACIONES

Hola:

Aquí estoy nuevamente tratando de poner en orden todas mis ideas, como modo de poder dejarte algo que te pueda ayudar como a mí me ha ayudado.

Hoy es sábado y en UmayQuipae estamos casi todos, dando talleres, conversando. Hace sol a pesar del invierno; eso hace que el día sea más bonito aún.

Hoy quería hablarte sobre las angustias que a veces tiene todo terapeuta sobre lo que debe decir en las sesiones. Como ya te he dicho antes, a veces hay muchas exigencias acerca de que hay que hacer interpretaciones en las sesiones, que en la terapia debemos dar una serie de "revelaciones" para ayudar al paciente, que ése es nuestro trabajo, que para eso nos pagan y que para eso vienen.

Yo iría un poco más lejos y te diría que, a veces, lo que se dice importa muchas veces menos que la respuesta empática que le demos a nuestro paciente en el momento en que está hablando o está compartiendo con nosotros.

Es importante, antes de cualquier interpretación, que el paciente se sienta sobre todo cogido, cogido y acogido, dándole un entorno de sostén, donde se sienta protegido, contenido. Sería como darle esa parte materna necesaria para poder crecer, que tal vez no tuvo o la tuvo insuficiente de niño.

A veces me imagino al terapeuta como ese gran seno materno que acoge, donde todas las pesadillas, los terrores y los miedos son calmados cuando reposamos en él de pequeños. Por esto es importante lo simbólico de nuestro hacer en la sesión.

Sobre todo al principio, antes de que el paciente pueda elaborar de modo más adulto sus experiencias, de que pueda llegar a la capacidad simbólica requerida para que llegue con las interpretaciones al darse cuenta, es necesario que tenga experiencias emocionales con nosotros; que sienta que más que una parte más de la teoría, un elemento más de diagnóstico, son seres humanos que transmiten lo que traen consigo y que a nosotros no nos da miedo ni nos escondemos en conceptos teóricos para lanzarlos al paciente, sino más bien para poder transmitir esta respuesta empática a lo que él está necesitando, está demandando desde su ser interior, desde su psique.

Esto me recuerda que la vez pasada estaba hablando con un paciente de 15 años que había pedido hablar conmigo, sólo conmigo. Yo lo había tratado de pequeño por problemas de aprendizaje y luego lo había dejado de ver. Posteriormente, por una serie de sucesos en su vida lo habían llevado donde un terapeuta para tener unas sesiones. La madre me llamó y me dijo que se había negado a hablar con él y que sólo conmigo hablaría.

Cuando estuvimos juntos me contó que cuando iba al otro terapeuta, era un señor que parecía bueno, pero que desde su silla cruzaba las piernas y en tono serio le decía: "Cuéntame lo que te pasa", y así todas las sesiones. Un silencio prolongado de toda la sesión, día tras día.

En verdad, y con el perdón de los colegas, no entiendo este tipo de actitudes; las entiendo desde la teoría pero no desde el corazón y menos desde el corazón del otro, donde ¿qué importa la teoría, los elementos que justifican estas acciones, los propósitos que justifican estos métodos? Cuando se es joven, se tiene 15 años y como mi paciente se es un chico bastante normal, querido, sencillo y sensible, ¿es tan difícil dejar estas posturas teóricas para hacernos cargo de su situación, de su incomodidad, de su desazón? Ya habrá tiempo para los silencios, para los roles, para esta teoría. Por ahora, en un principio, lo importante es la comunicación, el hablar con él, de cualquier cosa o de todo, de lo que él quiera o de lo que pueda, que poco a poco, una vez que haya confianza, que haya amor entre los dos, cualquier concepto es bien recibido y al mismo tiempo mejor interiorizado.

Por esto quería hablarte de la empatía nuevamente, porque es un tema que para mí prevalece sobre la teoría; lo que no significa que no haya una formación teórica, que no haya lecturas, que no haya una estructura académica, pero todo esto es para nosotros en nuestro interior, para nuestra lectura del caso y del proceso, para mejor utilización de las herramientas que tenemos disponibles, pero no para usarlas a veces en contra del paciente, sin hacernos cargo de su persona, de sus elementos individuales, de sus incomodidades, de su malestar.

8

LOS CASOS EN QUE NO DESEÉ SER PSICOTERAPEUTA...

– Elisa va a morir...

– Isabel tiene nueve años y ya se sabe que no va a poder ser mamá.

Pedro:

Hoy estuve conversando acerca de ser psicólogo, de ser psicoterapeuta. A veces cuando me preguntan en qué trabajo y lo digo, mucha gente me contesta: "¡A mí me hubiese gustado estudiar psicología!". Y a pesar de que me encanta mi profesión, mi trabajo, las personas, la psicoterapia, los pacientes, y que disfruto en el encuentro con cada uno, otras veces no es así, ya que no es nada fácil, y muchas veces me duele también esta vocación.

Supongo que a ti también te pasará, como me ha sucedido y aún me sucede a veces, el replantearme y cuestionarme este trabajo diario. Te contaré dos anécdotas que me sucedieron a los pocos años de empezar a ejercer. Son, creo yo, de las primeras veces en que deseé ser otra cosa; siempre recordaré ese momento cuando me preguntaba por qué no era cualquier otra cosa menos psicóloga.

La primera vez fue una entrevista con padres; venían ambos a pedirme ayuda porque su niña de once años tenía un tumor cerebral e iba a perder la visión, y querían que yo la preparara para soportar el diagnóstico tanto del tumor como de la ceguera posterior, y que fuera preparándole el camino para poder asumir todo lo que le esperaba.

Cuando la conocí, cuando vino a su sesión por primera vez, casi se me salen las lágrimas; era una linda niña que ya empezaba a ser una púber, sonreía, cantaba y la encantaba su colegio; sacaba muy buenas notas, aunque ahora había descendido su rendimiento debido a sus contínuos dolores de cabeza.

Estuve con ella hablando y evaluándola, aplicándole algunos tests, pero toda esa sesión me la pasé pensando: "¡Dios mío, ¿cómo puedo hacerla fuerte?, ¿cómo puedo ayudarla a que asuma el ser ciega dentro de unos meses?, ¿cómo ganar tiempo al tiempo, para poder ayudarla en todo eso y además pelear por su futuro?". Y recuerdo que pensé: "¿Por qué diablos escogí ser psicóloga y no otra cosa, vendedora, conductora de microbús o pincha-discos en una discoteca?

Su tumor no era operable y estuvimos juntas dos años; poco a poco fue perdiendo la vista de un ojo, y luego del otro, y ví cómo iba creciendo, cómo encontraba mecanismos de escucha en clase, grababa las lecciones y las pasaba al cuaderno despacito en su casa, "No me quiero cambiar de colegio Loretta –me decía–, así que tengo que lograrlo".

Esos dos años la vi pelear día a día y me di cuenta de que ella era más fuerte que yo, más capaz de seguir adelante a pesar de todo.

A los dos años se fue a Estados Unidos a un tratamiento más especializado, ya que el cáncer avanzaba y estaba ganando la batalla.

Pero ella no volvió... ni a la consulta ni a Perú.

Recuerdo cuando me llamaron por teléfono y me lo dijeron, ¡todo lo que lloré ese día y todos los otros días!, aún hoy recuerdo su carita saludándome y sonriendo hasta cuando ya casi no podía ver, cómo sacaba sus cuadernos tanteando en su maleta escolar, tocando mi mesa para encontrar un sitio donde dejar sus útiles. "¿Empezamos ya?", me decía, y cómo se me encogía el estómago y cómo retenía mi llanto cuando iba viendo cómo cada día iba a peor.

También jugábamos a las adivinanzas, a hablar equivocado, al juego de las preguntas, a su pregunta que me soltó un día cuando sus ojos ya casi no se posaban en mí, sino que los fijaba en la distancia ya casi sin ver:

– Loretta, dime, ¿me voy a morir?

Y en ese momento sentí que por qué a mí, por qué esa pregunta me la había hecho a mí y no a su médico o a sus padres.

Son los momentos en los que intento, como en las películas, concentrar toda la energía externa dentro de mí y luego sacarla desde mi vientre, como un canal de luz. Es muy difícil de explicar pero es algo que siempre he sentido y he practicado; en ese rayo de luz o energía concentro todo el cuidado tanto en las palabras como en el modo de llegar al otro, no dañándolo, no presionando, no descuidando ni abandonando.

Te preguntarás qué respuesta le di:

–Estamos intentando entre todos que no sea así.

–Y si no sale bien, ¿cuándo es que se supone que moriría?

–Eso nunca se puede saber, lo que tu cuerpo resista o cuando tú decidas que hasta donde has llegado ya es suficiente. Nosotros te acompañaremos en todo momento. Te queremos y amamos. Pero no te preocupes, lo estás haciendo muy bien mejor que nadie, mejor que cualquiera de nosotros.

Estuvimos conversando un buen rato, acerca de la muerte, del por qué algunos tenían una enfermedad grave tan pronto en la vida y cómo había personas que vivían muchos años, aunque ya no querían vivir y de qué dependería. Le pregunté si había hablado con sus padres de todo eso y me dijo que no, que sabía que el tema les hacía ponerse tristes o los iba a preocupar, y por eso prefería contármelo a mí.

Le dije que lo hiciera siempre que ella quisiera, que el objetivo de venir a terapia, además de ayudarla con su enfermedad, era el que tuviera un sitio donde dejar sus miedos, sus tristezas, su malhumor y sus dudas.

Y así hicimos muchas sesiones, y cada vez que se iba y yo cerraba la puerta me encerraba un momento en el baño y me echaba a llorar; yo no tenía otra manera de soltar la pena y la emoción; luego me enjuagaba la cara con un poco de agua fría y me preparaba para el próximo paciente. Desde aquí un gracias póstumo para ti, linda niña, que me enseñaste con tu sonrisa y tu coraje que todo instante es valioso, que toda pelea es necesaria aunque el final no sea el que buscamos. Contigo aprendí que todo momento vale la pena sin importar el final. Sé que esos momentos juntas, esos dos años fueron muy intensos, de verte crecer en todos los sentidos, de abrirte, de apoyarte y de darme tu cariño tan inmenso y tus ganas de ilusionarte con cualquier detalle aunque no lo pudieras ver. Gracias Elisa, por enseñarme a estar, cuando lo que mi instinto me invitaba era a correr y huir. Gracias por ayudar a conservarme en mi función de sostén y de apoyo, porque, cada vez que te ibas y me sonreías dándome un gran beso, me hacías sentir que valía la pena a pesar de todo ser psicóloga.

Como te decía al principio, otra historia de las que siempre me han quedado hasta ahora grabadas es la de otra niña y otros padres.

La niña se llamaba Isabel y tenía nueve años. Su madre era mi paciente y unas vacaciones se fueron a Miami; cuando regresan del viaje me cuenta llorando acerca de su segunda hija, Isabel, que tiene 9 años. Isabel es la mediana de tres hermanos y es la más romántica de sus dos hijas. Es la segunda y siempre ha jugado con muñecas, quiere casarse y tener muchos hijos.

"Es la que en cada aniversario de boda nos prepara algo rico a su papá y a mí, y me pone el camisón bonito y sexy para esa noche al pie de la cama. Tiene preparada ya su compresa para cuando le venga la regla como a su hermana, y no puede aguantar ya la espera de 'ser mujer'".

Mi paciente me cuenta que en el viaje, Isabel tuvo una serie de dolores en el estómago y la llevaron de urgencia al hospital; la ingresaron y la tuvieron que operar, ya que parecía una apendicitis. Cuando terminaron la operación, los médicos hablaron con los padres y les dijeron que no había sido apendicitis, que al abrirla se habían encontrado con que uno de los ovarios era todo un coágulo de sangre completamente podrido y lo habían tenido que extirpar, y que el otro ovario no existía, era sólo un apéndice, una cosa larguita casi minúscula, y que habían decidido dejarlo, pero que no había posibilidad de que se desarrollara.

Por lo tanto, Isabel no tendría ni la regla ni podría tener hijos.

La madre, llorando, me contó todo esto y me dijo que no sabía cómo hacer.

"Ella es tan pequeña; sigue creyendo que le han sacado el apéndice y no sospecha nada, pero quiero que la veas, la prepares y me prepares para el momento en que tengamos que decírselo. ¡Pero justo a ella!, a la que más quiere a los niños y desea tener su propia familia".

Intenté calmar a la madre y acepté ver a Isabel.

Era una niña preciosa, encantadora, y en sus juegos era cierto que todo su deseo era ser madre, tener su pareja, ser mujer. Y nuevamente pensé: "¿Por qué se me ocurrió a mí ser psicóloga?".

Conforme iba conociendo a Isabel también fui viendo que aún era muy pequeña para enfrentarse con ciertas cosas y que aún vivía en su mundo mágico de la niñez. Lo hablé con los padres y por esa intuición que se tiene al estar en contacto estrecho con los pacientes, les propuse esperar hasta darle la noticia.

Como en sus juegos y en sus dibujos no salía ningún dato, ni siquiera a nivel inconsciente, de que ella tenía alguna noción de lo que estaba pasando en su cuerpo, sugerí a los padres lo siguiente:

"Ella tiene nueve años, falta mucho para cuando le toque tener la menstruación. Esperemos hasta que tenga los trece, que tal vez la ciencia avance algo más y nos dé otras alternativas".

Trabajé con Isabel un tiempo y luego ya nos dejamos de ver. Cuál no sería mi sorpresa cuando al cabo de tres años me llama la madre a pedirme una cita y me cuenta que Isabel ha tenido la regla; parece que en este tiempo, el otro ovario, el que era un apéndice, se ha desarrollado normalmente y ahora funciona todo muy bien. Ha tenido su revisión médica y le han dicho que todo está muy bien, que ovula bien y que es capaz de salir embarazada como cualquier mujer.

–"No sabes la sorpresa, Loretta, cuando escuché el grito de Isabel diciéndome '¡mamá, mamá, he sangrado en el colegio, ya me vino la regla! ¡Yo no lo podía creer, pero era así!".

Como ves, mi querido Pedro, el ser terapeuta nos enseña la tolerancia a la espera, a que el tiempo tiene otra historia y que, a veces, es mejor esperar, no importa el tiempo real que pase, hasta encontrar el momento adecuado; pero al mismo tiempo darle tiempo al inconsciente del paciente para que él también elabore las cosas, se reestructure desde los cambios, desde sus dolores, desde su propio deseo, y ser testigos privilegiados de cómo todo sucede del mejor modo posible, del modo más sano y conveniente para él mismo.

9

¿QUÉ ENCUADRE TEÓRICO ESCOJO? ACERCA DEL USO DEL DIVÁN Y OTRAS TÉCNICAS

Hola:

Hoy hablé contigo de pura casualidad cuando llamaba para ver si encontraba a Diana en casa, y me alegra mucho que las últimas veces, cuando he llamado, al que he encontrado es a ti, lo que nos ha permitido hablar bastante tiempo.

Pues hoy aprovecharé para hablarte de un tema bastante difícil para la mayoría de los terapeutas que empiezan su formación: ¿por qué me inclino? Por el Psicoanálisis, por los humanistas o por los cognitivos, por mencionar algunos.

Creo que lo importante de todo esto es entender, al menos para mí, que no hay una técnica psicoterapéutica por excelencia que sea la mejor; y sé que tal vez aquí me esté metiendo en un tema en el que muchos no estén de acuerdo, pero siempre he entendido que las diferentes técnicas psicoterapéuticas son como diferentes idiomas. Al menos yo no me siento capaz de decir qué lenguaje es el mejor, el más completo y, si tuviésemos que decidir un solo lenguaje para todo el mundo, ¿cuál escogerías?

Supongo que el mejor idioma es aquél que se usa en cada país. Si estoy en Italia, para poder comunicarme o hacerme entender, el mejor será el italiano; pero si quiero encontrar un buen trabajo tal vez sería mejor que dominase el japonés también, ya que podría trabajar como traductora, por ejemplo, y estaría bien pagada, ya que habría pocas personas que lo hablarían.

Con esto te quiero decir que un terapeuta, a mi modo de ver, primero debe conocer un poquito, al menos una información básica, de las terapias principales o técnicas terapéuticas madre, diríamos, y luego escoger con cuál se siente más cómodo, que es lo importante. Conozco muchos estudiantes que quieren ser psicoanalistas o gestálticos por razones muy ajenas a con cuál se sienten bien y cuál les permite trabajar mejor.

Una técnica psicoterapéutica debe ser sobre todo una herramienta para que el terapeuta pueda ayudar al paciente en su proceso, y no para esconderse detrás de una serie de reglas y de instrumentos para "obligar" al paciente a que él se amolde a nuestro estilo y no nosotros a él.

Después de muchos años de profesión, he entendido, junto a otros compañeros, que aunque nos basemos o tengamos como principio un marco teórico preferido y unas herramientas más utilizadas, uno se vuelve ecléctico, lo que no significa ser confuso ni caótico. Esto llega no al principio del ejercicio de ser terapeuta, sino después de un largo recorrido de investigación y de experiencias. Por ejemplo, mis principales marcos teóricos en los cuales me baso son la Psicoterapia Humanista y, principalmente, la Gestalt y el Psicoanálisis. Este último es para leer los procesos inconscientes, análisis de sueños, mecanismos de defensa, asociaciones libres, relaciones vinculares del pasado de la persona, por ejemplo; y la Gestalt y el concepto humanista, para la aplicación de diferentes técnicas, que me permiten un mayor contacto con el paciente, el movernos a través de innumerables momentos lúdicos, tiernos, afectivos. Me permite ver y enseñar a la persona la lectura de su cuerpo, sus movimientos, sus expresiones con la voz, el conocer su respiración, el dibujar sus sueños y entender desde lo visual lo que no puede recordar.

Muchos terapeutas han escogido el diván porque se refugian detrás de él como un parapeto o una pared entre el paciente y ellos mismos, su miedo al contacto con éste, a ser observados y mirados al mismo tiempo que ellos miran; así como algunos terapeutas humanistas se refugian en el contacto y en el tú a tú con el paciente para llenar sus vacíos afectivos, su soledad, sus carencias de proximidad física, su incapacidad para organizarse o cumplir ciertas normas básicas (como puntualidad y el orden del horario de las sesiones). Sé que lo que estoy contándote puede ser bastante duro o chocante, pero creo que es necesario para que reflexiones todo esto como parte importante de tu formación. Por supuesto que al escoger unas herramientas de aplicación de la teoría aprendida siempre lo haremos no sólo desde nuestras capacidades, sino también desde nuestras incapacidades, pero éstas deben ser siempre bien manejadas y observadas tanto por nosotros mismos como por nuestros supervisores, para evitar que perjudiquen a los pacientes.

He asistido a muchos congresos donde, más que un evento de reunión donde se exponían las nuevas ideas de cada uno y el debido respeto de escucha y de acto de humildad en reconocer cosas o ideas que no se nos han ocurrido o que si se nos han ocurrido no hemos tenido el valor de exponerlas; como te decía, más que este acto ha sido un no encuentro donde cada ponente ha intentado ridiculizar a otros, donde ni siquiera el acto de escucha, tan básico entre nosotros, se ha podido dar, ya que más parecía una pelea por demostrar quién era más capaz de ganar al otro delante de toda la audiencia, y cómo cada uno desde su excusa teórica ha intentado que su verdad científica era la única posible y valedera; ¿por qué este empeño de ser únicos, de ser omnipotentes, creadores y hacedores del todo?

Gracias a no sé qué, los maestros y terapeutas que he tenido han sido personas sencillas, humildes y sabias, muy sabias, y tanto en la línea del Psicoanálisis –aunque yo hacía diván nunca me negaron una muestra de afecto, de humanidad, de abrazo al partir de viaje de vacaciones o de un beso al regresar– como mis terapeutas gestálticos, que en medio de la gran guerra que había hace años contra el Psicoanálisis, siempre nos aconsejaban que no dejáramos de hacernos una terapia psicoanalítica como complemento a nuestra formación humanista.

Una anécdota que tengo respecto a los símbolos de la técnica es ésta que te quiero contar:

Como no he tenido formación psicoanalítica y además mi terapia con diván, para mí siempre representará un símbolo de especial respeto, aunque yo no lo utilice y en mi consulta nunca haya tenido uno.

Cuando ya estaba en España me vino a visitar una paciente que tenía en Lima y me pidió unas sesiones de revisión, así que la recibí, en ese momento, donde atendía, que era en un despacho de psicoanalista con diván. Cuando llegó le señalé dónde tenía que entrar mientras yo iba al baño; cuál no fue mi sorpresa cuando al entrar la encontré bien echada en el diván, pero con su cuerpo de lado, como si estuviese conversando en la playa, y así hizo la sesión. Esto enseña que aunque el símbolo es para unos, para otros también sirve el objeto aunque no significa lo mismo, es decir, para ella, que llevaba ya un tiempo con terapia Gestáltica, el diván era simplemente un cojín más amplio, inmenso y cómodo, donde expandir su cuerpo y conversar cómodamente.

Como verás, si es que te he enredado mucho, aunque el diván, los butacones, la alfombra, los cojines en el suelo o unas mecedoras, lo importante es que la técnica que escojas sea parte de ti, y que esta integración en tu moverte con ella te permita poder usarla de modo natural, humano, cercano y respetuoso hacia tus pacientes.

Lo importante, sobre todo para las sesiones y para el propio proceso de terapia, tiene que ver muchas veces más con el encuadre que mantengas con el paciente. ¿Qué quiero decir con esto? El encuadre va a ser el conjunto de "condiciones" o ciertas normas o reglas, como quieras llamarlas, referencias que permiten que tanto tú como el paciente os sintáis protegidos y cuidados.

Por esto uses la técnica o el marco teórico que escojas, en que tienes que tener cuidado es en mantener este encuadre que das al paciente, como por ejemplo, definir los horarios, las frecuencias, la duración de cada sesión, los honorarios, las vacaciones; si será terapia individual, de pareja o de grupo; si será una psicoterapia breve, más focalizada o una terapia más profunda y por lo tanto amplia, etc.

Como te decía, esto es importante porque da un orden, define claramente tanto el espacio de encuentro como la relación y sus límites. Da una visión al paciente de cómo se organizará su terapia, tanto a nivel de saber con cuánto tiempo cuenta en cada sesión, como para hacerse un presupuesto económico, ubicar la sesión en su tiempo semanal o cuándo te irás de vacaciones y se interrumpirá el tratamiento.

Lo importante no es tanto que el paciente rompa el encuadre, como que el terapeuta lo rompa. El paciente recuerda que viene con su malestar, con sufrimiento, algunos con mucha desorganización, y necesitan de este orden de referencias definidas para poder trabajar, y tú también. Puede ser que a ellos al principio se les dificulte el tolerar o seguir el encuadre, ya que es parte de su propio no funcionar bien, pero eres tú el responsable de cuidar por los dos, para llegar a buen puerto. Esto tampoco significa que sean encuadres tan rígidos que sean inamovibles a pesar de ser cosas urgentes, pero deberás evaluar si la urgencia es así o es más una necesidad de desorganización.

Bueno, por hoy creo que está bien; aunque el tema es mucho más amplio, al menos te he dicho, creo, lo más básico.

Buenas noches.

10

EL USO DEL TIEMPO Y SUS SECUENCIAS

Hola otra vez:

Hoy te quería hablar sobre el tiempo o, más bien, las secuencias del tiempo.

Antes que nada, hay que hablarte sobre ritmos, sobre cansancios, sobre actividad, sobre letargos.

Cada paciente, como cada persona, tiene su ritmo; ¿qué significa esto? Pues que no todos van de acuerdo a lo que deseamos, tanto ellos como nosotros. Hay personas que, es cierto, trabajan más rápido, entienden más rápido o se sienten mejor más rápido, pero esto no significa que sean mejores que otro tipo de personas que tal vez necesitan que les repitamos más veces lo mismo, trabajar el mismo tiempo de modo más largo, que sean repetitivos una y otra vez.

Hay pacientes que van en línea recta y otros dando curvas; unos porque su modo de funcionar es así, su psiquismo está constituido de ese modo, y otros no, son más curvos, como digo, necesitan la dulzura de la línea sinuosa, los descansos entre las etapas, las mesetas.

Por esto es importante que diferencies entre un estancamiento, o una defensa o resistencia del paciente y, más bien, un modo de funcionar que si lo dejas a su estilo, si lo acompañas desde su modo de hacer, le sea más útil y avance más, que si lo presionas para que haga y se enfrente a todo ya.

Por ejemplo, hay parejas que pueden estar siempre hablando de separación, pero nunca se van a separar, y a veces hay terapeutas que como el tema es muy repetido, de algún modo presionan a tomar decisiones, porque lo viven con aburrimiento, o como un estancamiento que no lleva a nada.

Pero nuestro problema no es hacer que tomen decisiones, sino más bien contener todas esas palabras que expresan separación o pelea, por ejemplo, pero que nunca se consumarán; y nuestro papel más bien es de depositario de esa parte necesaria de decir, de hablar sobre ello una y otra vez, con alguien fuera de la pareja, pero nada más; es un rol de contenedor de esas angustias, pero sin forzar ni aburrirnos de estos procesos.

Hay personas que necesitan "rumiar" más, antes de hacer algo, pero luego lo hacen; otros, como digo yo, tienen los "dolores de parto" adelantados, largos, muy difíciles, llenos de angustia, con desgarros y rompimientos, pero una vez tomada la decisión pasan a la acción sin ningún problema. Otro tipo de personas tienen los dolores después del parto, es decir, trabajan todo muy bien, de modo rápido, actúan decididamente, pero luego cuando ya están al otro lado les vienen todos los miedos y en apariencia es un retroceso, pero no es así y necesitan de nuestra tolerancia y apoyo en esos momentos; y otros los tienen en su momento y en el tiempo y la frecuencia adecuadas, y también está bien. Por eso es importante el respeto de estos ritmos, mientras sea un ritmo y no una rigidez, por supuesto, pero la mayoría de las veces no es así. El psiquismo de la persona sabe más sobre ella que todas nuestras teorías aprendidas, por eso conviene escucharla y acompañarla en este proceso.

Un beso.

"Mi soledad, tristeza, cariño a la lectura, rabia" (Marina).

"Mi proceso de terapia"
(Marina terminando la terapia).

"Dibujando uno de mis sueños" (Marina).

"Mi Tristeza" (Marina, veintiséis años).

11

FECHAS ESPECIALES A TRABAJAR

Existen momentos en que hay que estar más pendientes de los pacientes o cuidarlos más, estar con una escucha y con un contener desde la tranquilidad, el apego, la fortaleza.

Según mi experiencia, yo pondría en orden de mayor a menor la causa de desorganización de las personas que vienen a sesiones lo siguiente:

Las Navidades.

Los cumpleaños.

Las vacaciones.

Los lunes.

Todas estas fechas se podrían llamar movilizantes; a algunas personas las moviliza de modo bueno, alegre, las llena de energía, de vitalidad, les renueva la magia, la bulla, la familia y amigos reunidos; para otras, sin embargo, y por desgracia en su mayoría, les moviliza las angustias, las pérdidas, las carencias, los recuerdos de peleas, discusiones, la necesidad de "alegrarse a toda costa", la costumbre de hacer balance con saldos negativos, etc.

Otros sienten que son fiestas donde hay demasiadas presiones acerca de los afectos, de ser feliz, de hacer feliz, de dar y recibir cuando se está agotado.

En cada fiesta tendremos que trabajar cosas diferentes.

Los Cumpleaños

Los cumpleaños generalmente van a remover nuestro nacimiento, y de alguna manera consciente o inconsciente nos recordará si estamos felices o contentos de estar vivos, o si nos duele, nos cuesta vivir.

Se dice que en cada cumpleaños revivimos un poquito nuestro nacimiento, la alegría o el dolor que nos hizo nacer, que trajimos al mundo y nuestros primeros días.

Por eso existe la frase "esto me ha costado un parto".

Hay modos diferentes de nacer, de vivir experiencias nuevas, de salir a la luz y a la vida de situaciones; y no me estoy refiriendo, por supuesto, solamente a lo físico, a lo biológico, sino también a todo lo que nos significa el estar vivos, el conservarnos vivos, y querernos lo suficiente como para buscar la magia en las cosas pequeñas, aquellas que todos los días existen miles para poder engancharnos a ellas, cogernos con fuerza y seguir viviendo.

Pero no a todos les pasa esto. Hay algunas personas a las que les ha costado mucho vivir, que no han estado acompañadas en este proceso o que más bien desde pequeños han tenido que acompañar a otros a crecer en lugar de darse un tiempo como niños y disfrutar de estos momentos.

Y estas personas irán a tu consulta; a veces son la mayoría, personas que están peleadas consigo mismas, con sus cumpleaños, con la vida, con envejecer, con el crecer, con su vida de adultos, con su niñez. Lo único que saben es que por dentro sienten ganas de morirse, que odian su día, que no quieren llamadas, ni regalos, ni recuerdos, únicamente estar solos. Tal vez sintieron cuando nacieron el problema, pero no acaba ahí, ya que en esta búsqueda de soledad se encuentran con fantasmas y agujeros del pasado que hacen que muchas veces se sientan peor, algunos más tristes aún, pensando que no vale la pena ser ellos mismos o lo que los rodea; y a otros les entra mucha rabia, mucha bronca, y buscan cualquier excusa para pelearse con alguien o con algo. En el fondo de todo esto hay una sensación de pelea con la vida, de querer agarrarse a puñetazos con lo que sea, como un modo de medir fuerzas, de descargar el enojo del porqué de su vida.

Vivir no es fácil para muchos, mi querido Pedro y por esto es de los objetivos más importantes de toda terapia ese soplo de vida, como dice nuestro nombre, UmayQuipa, que debemos dar en toda sesión. Este enorme esfuerzo que hacen algunos por seguir viviendo a veces les es tan costoso que dejarse morir, abandonarse, no seguir luchando o no caminar día a día muchas veces les es mucho más fácil que intentarlo.

Algo muy importante que debes tener en cuenta siempre es lo siguiente: en todo proceso terapéutico, aunque se dé la compulsión a la repetición tan comentada, debemos ayudar para que justamente aquí se dé el cambio y que poco a poco pueda poner en cada sitio sus emociones, encajarlas con las experiencias y ubicarlas desde otro sitio diferente del que estaba situado.

Te doy un ejemplo de cómo trabajo los cumpleaños:

Siempre estoy pendiente de sus fechas, pero antes de adelantarme en esto espero para poder ver si es que él me comenta o no acerca de que se aproxima la fecha, qué planes tiene, con quién lo pasa. Hablamos de su cumpleaños y de sus sentimientos hacia este día. Si le gusta le pido que me escriba en una hoja qué es lo que quisiera recibir de regalo de la vida para este nuevo año que va a cumplir, para sólo este año que empieza, no para el resto de su vida. Y lo apuntamos en su cuaderno de terapia o en un papel que guardaré en su carpeta. Luego cuando haya transcurrido el año lo revisamos a ver si lo que deseó se ha cumplido. Este ejercicio lo hago porque es un modo de darle al inconsciente cierta apertura a los deseos, un sitio donde colocarlos, ya que, como decía Lacan, si lo deseas lo suficiente lo lograrás.

Pero cuando no es así, cuando la persona está peleada con la vida, con su nacer, con su existir, menos cabida tendrán los deseos; así que empiezo a investigar primero si puede preguntar a sus padres cómo fue su nacimiento, si hay algún dato del tipo de si se demoró al nacer, si fue parto rápido, si hubo problemas, como un modo de conectar con ese momento y poder desde ahí enlazar sucesos-emociones.

Después empiezo a hablar de cómo eran sus cumpleaños de niño, si se los festejaban o no, quiénes eran los invitados, cómo eran los preparativos, qué mensajes recibía de ese día, de su nacimiento, si se sentía el rey de la casa.

No sabes las sorpresas que encontrarás en este trabajo; escucharás de algunos que nunca recibieron un regalo, ya que sus padres se olvidaban de comprarlos para ese día y luego lo hacían cuando se acordaban. Otros sólo recuerdan las discusiones entre los padres y cómo ese día era otra excusa más para no ponerse de acuerdo y usar al niño como modo de echarse en cara sus defectos como padres. Otros no recordarán nada de ese día porque nada había; te comentarán: "En mi casa nunca se festejaban".

Siempre cuando he hablado de esto les he querido enseñar que los festejos hacia un hijo, hacia un niño porque ha nacido, no tienen que ver con regalos caros, ni con grandes fiestas, sino con la sensación que él recibe de que todos están contentos con su nacimiento o con el aniversario de su nacimiento. Los abrazos, los besos, un bizcocho, las velas, un paseo particular, una ida al cine comiendo palomitas, una nube de algodón rosa, cualquier cosa será usada para transmitir a este niño que es importante, que nos alegramos de su vida, de su estar en el mundo; esto hará que de mayor él también se valore en las cosas pequeñas, disfrute y haga disfrutar con los detalles, transmitiendo emociones, alegrías, la capacidad de goce. Y eso sería otro objetivo de la terapia: restaurar la capacidad de goce donde se ha instalado la negrura, el pesar., la apatía, el abatimiento.

Todo esto se va haciendo poco a poco, muy delicadamente, pues sería una especie de abuso si queremos que alguien que nunca consideró su nacimiento empiece a pensarlo como si a partir de ahora fuera a sentirse diferente. Esto no es así, por esto es importante que lo hagamos con sumo cuidado, con ternura, consistencia, paciencia.

Y claro, te preguntarás: "¿Tengo que hacerles regalos a mis pacientes por su cumpleaños?".

Sé que te lo preguntarás y creo que eso es una decisión bastante personal.

Sobre todo con los niños, generalmente, algún detalle, además de un gran beso y un gran abrazo, sí suelo darles. Usualmente es algo significativo, que tenga que ver con lo trabajado en su proceso. No me parece conveniente regalarles un juguete más, ni algo de moda. Lo que hago es traerles algo del Perú, como un modo de enlazar este país, España, con el mío, donde saben que paso mis vacaciones, donde están los otros "pacientes", mi familia, otros amigos, donde marcho a pasar las Navidades.

Pero, como te decía, esto es algo muy personal, y creo que tiene que ver más con lo que decidas que es bueno dentro del proceso terapéutico de tu paciente. Unas veces he regalado libros de ayuda cuando esperaban su primer bebé; otras veces, una bolsa de adornos de Navidad para alguien que no había tenido antes Navidades o había perdido la ilusión en ellas; otras veces he hecho un bizcocho para alguno que perdió a sus papás de niño y los familiares se olvidaban de su cumpleaños. No sé, es difícil explicarlo desde la teoría, y creo que más bien lo dejo a tu corazón y a tu piel. Lo que sí no debes dejar de preguntarte siempre es por qué lo haces; si lo haces por ti, mal asunto, o por ser bueno, por sustituir figuras parentales, por costumbre o porque ellos te regalan. Si es por estas razones es mal asunto, te repito; todo tienes que pasarlo siempre por el tamiz de su proceso, de su bienestar, de su crecimiento interno y externo; nada por costumbre, por comodidad, por evitar problemas, porque te quieran más, porque no se vayan, por no desilusionarlos. Esto no es lo importante; lo importante es que tu acto tiene que ser entendido no tanto desde las palabras, sino desde ese otro lenguaje más arcaico y primario, pero tan importante, el de las sensaciones. Todo psiquismo, todo inconsciente, aunque la persona se encuentre muy mal, sabe entender los actos de sus terapeutas y sabrá ubicarlos en el sitio adecuado, y si no puede hacerlo, eres tú el encargado de saberlo para justamente no hacer ese acto, ese gesto, hasta que pueda ser bien recibido o bien decodificado. Muchas torpezas de los terapeutas respecto a sus pacientes no han tenido que ver con lo que hicieron o dijeron sino con el tiempo, con el momento, que no fue el adecuado.

Recuerdo una vez, con Arnold; estábamos en el principio de nuestra terapia, y todo lo que trabajaba era contra Segismundo; le decía que lo odiaba, que lo quería matar, pero al mismo tiempo, como estaba en una psicosis bastante pronunciada, era Segismundo nuestro único elemento de contacto. Por eso lo que le regalé en su cumpleaños de parte de Segismundo fue una camiseta que decía Cuzco Perú. Se sonrió, la recibió, pero se la olvidó en la consulta. A la sesión siguiente, quise averiguar el porqué de su olvido y me contestó llanamente: "Porque no puedo ni recibir ni usar algo que me ha regalado alguien al que todo el tiempo estoy matando". Como verás, era gran sabio mi paciente y me di cuenta de mi error y de mi apresuramiento.

Hay muchos modos de regalar, y tal vez haya pacientes que regalen para manipular, para agradar, o por razones internas de cada uno, pero siempre que un paciente me ha hecho un regalo lo he recibido y no lo he rechazado. Los significados de estos regalos por supuesto uno aprende a verlos, pero sobre todo, el principal siempre ha sido un deseo de dar, o un deseo de agradecimiento, de contactar más o de dejar algún recuerdo suyo en mi entorno.

Siento que los pacientes no por ser pacientes dejan de ser humanos, y los terapeutas debemos aceptar y sostener esta hu-

"Dibujando uno de mis sueños" (Marina).

manidad. Tal vez lo único que creo que no se debe aceptar son regalos costosos.

Algunas técnicas que te pueden ser útiles:

Para trabajar los cumpleaños: cuando se acerca la fecha le pido a la persona que me traiga por escrito a la próxima sesión lo siguiente: ¿qué es para ti tu cumpleaños? Recuerda algún cumpleaños que hayas guardado por algo en la memoria y escríbelo. Trata de ponerte en aquel momento y trata de descubrir o ponerte en contacto con las emociones que nacen en ti.

Haz una carta donde pongas lo que quisieras para el año que empiezas de tu vida y lo que quisieras dejar atrás y por qué.

Esto lo pido generalmente dos semanas o tres antes del cumpleaños.

Las Navidades

¿Por qué son importantes las Navidades?

Podría ser una fecha más que "pasa sin pasar", pero no es así. Después de muchos años en terapia, he visto y sentido cómo movilizan esas fechas a muchas personas, e igual que los cumpleaños, en algunas de modo positivo y en otras de modo negativo.

Yo creo que tiene que ver muchas veces con la magia y la capacidad de disfrute que tiene cada familia. Cuando una familia tiene capacidad de disfrutar se va a agarrar a cualquier cosa para disfrutar con diferentes detalles, diferentes hechos. Pero hay otras familias donde a veces esta capacidad de disfrute se ha perdido, o no se ha tenido, y la experiencia que ha tenido nuestro paciente han sido Navidades constantemente dolorosas, donde la tensión hacía que hubiese más peleas o más silencios, más rupturas, más fricciones.

Generalmente, cuando se acercan estas fechas también les pregunto a mis pacientes cómo eran sus Navidades de niño, quién se encargaba de los regalos, de contar las historias, de ensayar las canciones para esa noche. Te pongo algunos ejemplos:

–Mis Navidades no las recuerdo con especial emoción. Simplemente nos reuníamos como cualquier noche, sin nada especial, y mi madre siempre nos decía que recordásemos que el 6 no tendríamos nada, ya que luego en las rebajas nos compraría los regalos... siempre pensé que entendía su postura, ya que por las rebajas podía tal vez tener más cosas, pero la noche de Reyes me hacía sentir sola, muchas veces triste, y además, cuando llegaban las rebajas, había cosas que ya se habían agotado y que, por lo tanto, tampoco ya podía tenerlas. Sólo cuando he sido mayor me he dado cuenta de que aunque sólo sea un detalle me hubiese gustado recibir esa noche tan especial para todos los niños. A veces mi padre, a escondidas de mi madre, nos ponía alguna chuchería debajo de la almohada.

–¿Y ahora que tienes hijos, qué haces en la Noche de Reyes?

–Intento que ellos tengan esa noche que yo no tenía pero sé que muchas veces me encuentro perdida. Siento como si me faltara algo, algún detalle que no conozco, pues a pesar de comprar los regalos que ellos piden, sé que me falta la ilusión o la magia que no he recibido.

Otro paciente me cuenta: "En mi casa Navidades y cumpleaños era sinónimo de pena. No sé por qué pero mi padre siempre estaba renegando y mi madre con una cara de pena porque decía que se acordaba de sus padres que ya no estaban, y que ya la vida no era la misma. Yo recuerdo que pensaba: '¿y eso, qué tiene que ver con nosotros, que sí estamos vivos?'.

Mi padre odiaba las Navidades; decía que eran sólo un pretexto para sacar dinero a las personas y que los regalos no son importantes, y que todo era un invento de los Grandes Almacenes para vender más. Esto siempre era motivo de discusión, pues mi madre no estaba de acuerdo con esto y decía que él era un aguafiestas, pero tampoco ella se daba cuenta de que, si todos los años cuando daban las doce de Navidades o Año Nuevo ella se echaba a llorar, los regalos no importaban. Poco a poco fui poniéndome una coraza para no sentir todo este lío en mi casa, pero al mismo tiempo fui perdiendo la ilusión por estas fiestas.

Hoy nada ha cambiado: mi padre sigue renegando y mi madre sigue llorando, ahora incluso porque dice que nosotros no queremos ir con ellos en estas noches y los dejamos solos, pero la verdad, todo me parece muy deprimente".

Sin embargo, Gabriela me cuenta lo siguiente: "En mi casa siempre nos hemos preparado para las Navidades con mucho tiempo, nos encantan a todos, y ahora que somos mayores venimos desde donde estemos para reunirnos todos juntos y pasarlo bien.

Mis padres nos reunían para poner el nacimiento y el árbol, y mientras tanto comíamos bizcochos y nos reíamos todos juntos. Cuando éramos niños la Noche de Reyes era increíble; dejábamos la comida para ellos en sus platos y algo para los camellos y nos íbamos a la cama temprano, pero no podíamos dormirnos. Hasta que al final caíamos rendidos uno detrás de otro. Mi hermano siempre era el primero que se levantaba y nos despertaba a todos, y era toda una fiesta. Nunca tuvimos regalos caros, pero para nosotros eran preciosos, y siempre eran sorpresa. Hasta ahora seguimos sorprendiendo a los otros ese día tratando de que no adivinen cuál es el regalo".

Como ves, hay tres ejemplos muy distintos de modos de pasar estas fiestas, de acuerdo a lo que a cada uno resuena y evoca.

También existen pacientes a los que las Fiestas de fin de año los deprimen, porque hacen un balance del año y se conectan con la falta, con la carencia, más que con lo obtenido o recibido. Algunos sienten que están solos, que no tienen pareja, que no han realizado los propósitos que se hicieron el año pasado; otros creen que el tiempo está pasando y la vida no les ha dado nada de lo que querían. Otros recuerdan más las ausencias que las presencias.

Todo esto es necesario irlo trabajando dentro de las sesiones, ya que son temas que ellos traerán aunque sea como comentario o queja. Siempre les brindo un espacio y un tiempo para hablar de todo esto, de sus emociones, que están allí tal vez desde la pena, y otras veces desde el resentimiento por cosas no tenidas o por familias no capaces de transmitir esa magia a los demás.

Yo, que también soy terapeuta de niños, defiendo este espacio para ellos, los derechos a sus cumpleaños especiales, a la Noche de Reyes, a la Navidad con sus Belenes y Villancicos, los dibujos especiales de árboles y nieve, o de sol y playas si es en nuestro territorio sudamericano.

Siempre recordaré el año en que murió tu tío y padrino, mi hermano Flavio. Tú eras muy chico, tenías dos años recién cumplidos, y él tenía veintisiete. Y murió a fines de octubre; recuerdo que cada día que se acercaba la fecha de las Navidades pensaba: "Éstas serán las primeras Navidades que no serán mágicas ni especiales como siempre las hemos tenido". Y lo entendía, ya que el golpe de su muerte fue tan brutal para todos nosotros que era lógico que no se festejaran.

De todos modos, les preguntamos a nuestros papás, tus abuelos, qué querían hacer ellos en esa nochebuena, y dijeron: "Pedrito tiene sólo dos años y tiene derecho a sus Navidades como cualquier niño, y como siempre han sido. Lo único que les pedimos es que sea en casa de alguna de Uds. y no en la nuestra, porque no tenemos mucha fuerza para adornarla toda".

Y así fue. Supongo que tú no te acuerdas, pero estuvimos como siempre: tú durmiendo hasta las doce, y nosotros como todos los años, conversando, preparando la cena. Y cuando fueron las doce nos abrazamos muy fuerte, sin llantos ni quejas, y fuimos a despertarte. Tus padres te trajeron a la sala y tú con tus ojazos bien abiertos al ver todos los paquetes. Todos nos pusimos a abrir los nuestros, y tú como regalo tenías una batería. Toda la noche nos diste el concierto y nosotros reíamos de las caras que ponías.

Al final, ya a las tres de la mañana, nos fuimos todos a dormir, y recuerdo que pensé: "Gracias papá, gracias mamá, porque a pesar del dolor que sentimos y la ausencia de él, nos han enseñado una vez más que la vida continúa, y la capacidad de proteger a los niños de experiencias dolorosas, y de darle su Nochebuena como al resto de niños". Y eso que a Flavio lo queríamos un montón, pero a ti también. Y tal vez ésas son las cosas de las que quiero hablarte, de que la magia, la dulzura de mirada hacia las cosas de la vida no viene de una vida llena de comodidades como algunos piensan; viene desde otro sitio, desde el convencimiento de que las experiencias dolorosas ocupan su espacio, pero que se debe siempre intentar también separarlas de las otras, de las que somos capaces de hacer aunque haya algo doloroso, penoso, también tenemos la capacidad de ser felices aunque sea un instante, la capacidad de ver las cosas buenas que en ese momento también existen, y que están ahí, al alcance de nuestra mirada, esperando que las tomemos y las aprovechemos.

Por eso insisto tanto con los pacientes en que la sensación de bienestar no viene de algo externo que nos sucede, sino desde la capacidad desarrollada día a día, momento a momento, de agarrarse a lo que sea para ser feliz, para hacer feliz, para disfrutar, para reír, para gozar.

Y si no lo pueden hacer al principio por uno mismo, hacerlo por alguien que conozcamos. Siempre hay alguien cerca de nosotros que merezca esos momentos de ilusión, de nuestra sonrisa y de la magia que podamos proporcionarle.

Por eso considero importante trabajar todas estas fechas con los pacientes, porque son parte de la niñez perdida, pero que no ha muerto, sino que permanece aún en los corazones esperando cada uno hacerlo de un modo especial y desde su propio estilo. Nosotros serviremos para ayudar a hacer los cambios, dar ideas para la magia, brindar fuerza y energía para llevar a cabo algún fin de año, un año especial para cada uno; y además, ser parte activa de su propio mundo, de su propia familia, de transmitir la magia a sus niños, a su pareja, amigos, como herramienta y excusa para jugar nuevamente, para sonreír, para iniciar la búsqueda del objeto, del detalle, de la tarjeta que hará sonreír al otro en medio de lo que esté haciendo o sintiendo.

Por esto sigo regresando todos los años a Lima, donde Uds.; para seguir con esa mágica costumbre de reunirnos, de esconder los regalos para que no los descubran, de engañar y decir que no se ha conseguido lo que se quería, de ver el árbol, las luces, de cómo tu hermano Erik hace sus creaciones en el Belén, de cómo la abuela compra un adorno nuevo o luces deslumbrantes, etc. Y cómo me emociona ver que Uds., dos chicos ya grandes, salen solos, en patines, en microbús, a buscar con su propina un regalo sorpresa para cada uno de nosotros, y con qué gusto envuelven y adornan los paquetes.

Por eso no me importa cargar los dos maletones inmensos hasta allá, llenos de turrones, dulces, regalos, porque sé que me espera lo mágico, el disfrute a pesar de la distancia, la intriga de adivinar qué hay dentro de los regalos, los amigos que llegan a saludar y probar el ponche el 23, el 24, y todos juntos, aunque sea un ratito, conversar y querernos un poquito más.

Los lunes

Los lunes ¿por qué pueden ser importantes? Pues por algo muy sencillo: ¡por el fin de semana!

Generalmente, la mayoría de las personas adultas pasan toda la semana entre el trabajo y miles de cosas cotidianas que van llenando el tiempo o, por otro lado, no dan el tiempo para pensar, para darse cuenta de lo que sucede dentro de uno. Los fines de semana son, para muchas personas que están solas, el momento en el que se sienten más solas, en el que han tratado de llenar ese mismo tiempo con cosas que tal vez no les sean satisfactorias, pero que tienen como meta el marearse de actividades, llenarse de personas o de encuentros en busca de aquello que creen; luego, cuando llega el lunes, muchas veces se sienten deprimidos, más solos y sin fuerzas para empezar la semana.

Por otra parte, los que tienen compañía –me refiero a los que están casados– o tienen su propia familia, si la cosa no está funcionando, éste es el tiempo que tienen para estar más horas juntos, y esto muchas veces trae como consecuencia la agudización de los problemas, de las peleas y de los conflictos. Las parejas tienen más tiempo para pelear, para buscar el conflicto y, por qué no, para hacerse daño. Por eso es importante que estés atento a lo que traigan los pacientes, sobre todo los que tengas los lunes. Serán cosas diferentes que tal vez a lo largo de la semana no se hubiesen dado si la cita era otro día.

Esto me ha pasado también con pacientes a los que, por alguna razón cambiamos la hora o el día de su sesión, y por ejemplo, para algunos el hacer la sesión en la mañana antes de empezar la jornada de trabajo resultaba de modo muy diferente que si la hacían a última hora cuando la jornada había acabado.

Para algunos, por ejemplo, en la mañana cuando aún "las defensas no se han puesto a funcionar", como que estaban más "blanditos", menos resistentes, trabajando cosas diferentes de las que trabajaban en su otro horario.

Esto lo notas más cuando tienes pacientes que ves dos sesiones a la semana, ya que una sesión la puedes poner a una hora y otra un lunes, para ver si el fin de semana le remueve, ya sea de modo positivo o negativo.

Para otras personas, los lunes producen sensación de cansancio y de depresión, sobre todo cuando su trabajo o el colegio no les gusta, entonces sienten que el fin de semana les ha servido para desconectar, para olvidarse de la semana de su malestar, de sus problemas o de las cosas que no les gustan. Y el lunes es que sienten esa gran tristeza, esa carga inmensa que les pesa por tener que enfrentarse nuevamente a una situación que por ahora notan sin solución, sin remedio, la sensación de una realidad que les pesa donde por ahora no encuentran salida, lo que va minando sus fuerzas, su energía. En verdad, es bastante desagradable trabajar en un sitio donde el ambiente emocional no es nada agradable, o donde en lo que trabajamos no es en lo que uno desea, sino que se ve forzado por el momento a seguir en ese puesto de trabajo. Lo que es seguro y se ha demostrado a nivel de salud mental es que personas que están en un trabajo de tipo creativo, que les gusta aunque no están muy bien pagados, se enferman menos y están más contentos que personas que están muy bien pagadas, pero es un trabajo que no les gusta y que no es nada creativo.

Es importante por esto el poder revisar todas estas sensaciones de los lunes, ver qué tienen que ver con problemas repetitivos que se originan en los fines de semana por una mala relación con la familia, con la pareja, con la soledad. Y por otro lado, si no, revisar la sensación deprimente de los lunes, cuando el empezar nuevamente les agota la energía acumulada el fin de semana, y les hace meterse en sensaciones nada placenteras y, más bien, que les van haciendo, día a día más daño.

12

EL PRÉSTAMO DE LAS PALABRAS LOS PACIENTES A LOS QUE LES ES DIFÍCIL HABLAR

Hola nuevamente, mi querido Pedro:

Aquí me tienes un domingo de invierno aún en Madrid, intentando escribirte una carta más donde pueda aclarar mis ideas y al mismo tiempo esperar que en algo te pueda ayudar a ti y a otros jóvenes que empiezan a ser terapeutas.

Hoy quería hablarte de las palabras, en este caso, de las palabras de los pacientes.

Hay pacientes que no pueden expresar con palabras lo que sienten, ni definir las experiencias vividas, que han quedado almacenadas dentro como si fueran objetos dentro de cajones de un armario, pero con la sensación de que estos cajones no tienen la llave, se ha perdido, y por eso es difícil acceder a ellos.

Cuando nosotros sentimos una emoción, ya sea por una experiencia actual o por alguna pasada y que está en nuestro recuerdo, el modo de aliviarla es mediante la palabra, es decir, el comunicar lo que estamos sintiendo, lo que nos está pasando. Pero muchas personas no tienen esta capacidad, no pueden verbalizar los afectos o no pueden encontrar palabras que contengan lo que están sintiendo.

¿Por qué sucede esto?

Si estas emociones o experiencias se refieren a situaciones que ocurrieron antes de que la persona tuviese la capacidad de hablar, por ejemplo, antes de los dos años, la persona lo que recordará será más la sensación, el afecto, la emoción, pero cuando intente transmitir esto a otra persona, le será difícil hacerlo, ya que no tiene como experiencia en su recuerdo qué palabra contenía esta emoción... Por eso, cuando alguien nos está contando sobre cosas pasadas, muy de su infancia, pero no sabe cómo referirlas, lo más probable es que las localicemos antes de los dos años, cuando aún no manejaba el lenguaje ni tenía un buen vocabulario que expresara lo que sentía o que pudiese explicarse en su pensamiento, con palabras, lo que lo confundía, lo que lo angustiaba.

Por eso es tan importante que los padres, cuando los niños son pequeños, comuniquen con palabras los sucesos que ocurren alrededor del niño, sobre todo aquéllos que pueden confundirlo, que pueden angustiarlo.

Algunos adultos piensan que para qué hablarle si el niño pequeño no entiende. Pero es por esto mismo, porque lo que se le va a grabar va a ser una sensación potente, una sensación fuerte, pero sin una palabra que pueda contenerla y explicarla. Aunque parezca increíble, cuando el niño es mayor, cuando se es adulto, muchas de estas sensaciones e imágenes podrán ser comunicadas, ya que, en el pre-consciente, están grabadas con alguna palabra que por el momento cuando el niño era pequeño no podía pronunciarla, pero cuando es mayor al escucharla la reconoce, y le evoca las emociones o situaciones vividas.

Te pongo un ejemplo: una amiga a la que se le diagnosticó un cáncer de mama tuvo que ser intervenida, ingresada en el hospital y, posteriormente, hacer viajes a Houston y tratamientos de quimioterapia. Me preguntó qué hacer con su hijo pequeño de dos años, ya que notaba las ausencias de ella y además veía que su pelo se le iba cayendo día a día. ¿Debía explicarle algo a su hijo? ¿La entendería?

Por supuesto que sí. Le dije que cada vez que tuviese que ser ingresada para la quimioterapia o le viera su cabeza sin pelo le dijera: "No te preocupes si me ves así, es que mamá, papá y los médicos están haciendo todo lo posible para sanar a mamá. Esto del pelo es sólo por un tiempo; lo que sucede es que los medicamentos que me ponen para sanarme hacen que se me caiga de momento, pero ya me verás dentro de un tiempo nuevamente como era antes".

Esto es muy importante y es lo que las mamás instintivamente siempre han hecho desde el principio de los siglos: dotar de palabras las acciones, las emociones tanto de ellas como del bebé. Por ejemplo, les dicen: "Vamos a ver qué te pasa; ¡ahhhh! ya veo, es que estás muy abrigado y hace calor, por eso estás sudado y llorando. No te preocupes, que ahorita te cambio de ropa y te sentirás mejor".

Como puedes ver, el hecho de que la mamá vaya explicando y poniendo palabras a la incomodidad, al displacer del bebé, va haciendo que en su interior psíquico vaya introduciendo estas emociones y sensaciones con palabras que las contengan; lo que hará que en un futuro, de modo inconsciente, cuando tenga que comunicarse, cuando tenga que compartir lo que siente, vaya a este almacén interno y encuentre las palabras más rápidamente.

¿Y todo esto qué tiene que ver con la terapia?, estarás pensando. Pues mucho.

Ya que cuando vemos que a nuestro paciente le está ocurriendo esto debemos recurrir al préstamo de palabras, al préstamo de ideas. Por eso nuevamente tiene que ver nuestra empatía con él. Cuando alguna vez un paciente está lleno de alguna emoción y no sabe expresarla, generalmente le pido que me dibuje lo que siente (más atrás en el capítulo de Técnicas te lo describo mejor) y luego, viendo el dibujo; que me exprese con palabras, cómo ve este dibujo, de este modo podemos ver tanto él como yo de modo gráfico y visual algo que no puede aún expresar con palabras, pero que sí puede comunicar con imágenes.

Es ahí donde podemos prestarle palabras, cosas que nosotros veamos o sintamos de lo que expresa en el dibujo y le demos algunas palabras prestadas, como les digo, pero que escoja la que más le suena, la que más le evoca su sensación, sus emociones.

Hay veces en que la persona viene con un estado de ánimo, por ejemplo, renegando de todo, poniendo "peros" al día, al taxi, al metro, incluso hasta al timbre de la puerta, y si le preguntamos si le pasa algo nos dirá que no, y si le preguntamos cómo se siente nos dirá que bien. Es ahí donde tal vez tengamos que intervenir prestando una idea, unas palabras, por ejemplo: "Parece que sientes que hoy no te sale nada bien" o "parece que te sientes con ganas de pelearte como un modo de descargar alguna rabia".

Desde luego, todo esto son supuestos que estamos prestando y que para nada indican que estemos en posesión de la verdad; por esto es importante la palabra "parece ser", o hacer el ejercicio del dibujo para que la persona lo pueda ver más claro.

También podrás encontrar en tus sesiones a otro estilo de personas, personas que viven las palabras como peligrosas, como capaces de hacer daño, de "matar" al otro, de hacerle pedazos; en algunos casos esto es cierto pero nos tocará a nosotros el averiguarlo y ver de qué modo esta palabra peligrosa pueda convertirse en una palabra que comunica, que acerca, que transmite y le llega al otro con posibilidades de intercambio, de aclarar y reparar la comunicación entre los dos. Pero otras veces, nos daremos cuenta de que las palabras que dice la persona no son dañinas, no son hirientes, es más su sensación a veces de culpa lo que hace que ella las haga tan poderosas; otras veces porque cuando era niño algunos de los adultos ante sus demandas o sus reclamos respondían de modo extremadamente exagerado y nada acorde con lo que el niño había dicho. Por ejemplo, un niño que alguna vez se atreve a decir a su padre que le tiene miedo, y esto origina como respuesta una explosión de ira de parte del padre o si no, un silencio resentido, de dolor, que hace que el niño se angustie y considere su palabra como muy peligrosa, como capaz de hacer mucho daño.

También puede ocurrir, en este caso, que la persona no enga los recursos adultos suficientes para poder sostener su palabra en el tiempo, a pesar del efecto en la otra persona. Me explico: a veces diremos cosas que no son nada agradables, o que pueden causar dolor al otro, pero no podemos pretender que, después de haber dicho algo duro el otro siga como antes, igual. Toda palabra tendrá su efecto en el otro, y debemos dar un tiempo para ver cómo el otro digiere lo dicho. Sería el caso cuando en una pareja uno de ellos decide ser honesto y le dice al otro que ha tenido una infidelidad. Ante la respuesta de silencio, de llanto o de rabia, lo que piensa es: "¿para qué hablé? ¿Para esto?".

Como les digo en este caso a mis pacientes, se habla no para que el otro premie nuestra "honestidad" como si fuéramos niños buenos que sus padres premian por no mentir. Dentro de nuestra adultez debemos hacernos cargo de que esa verdad que vamos a decir va a doler mucho y va a resquebrajar la confianza, pero también nuestros recursos adultos serán necesarios para sostener todas las respuestas del otro ante nuestra palabra. Y esto es lo que tendremos que trabajar con nuestros pacientes, sobre todo porque no sólo vivirán sus palabras como dañinas o peligrosas, sino posiblemente también las nuestras.

Hay algunas personas que carecen de determinadas defensas ante ciertas palabras, ante palabras que son dichas directamente, por ejemplo; y otras que son personas hipersensibles que hacen que cada palabra entre de frente, diría yo, directa al corazón o al estómago, pero no porque esta palabra sea en sí potente, sino porque la piel interna de su psiquismo es muy delgada, y a veces incluso la palabra dentro de él se convierte en miles de ondas, como una piedra en un lago. Con estas personas lo importante no es no hablar ni decir las cosas, sino poco a poco ir enseñándoles que la palabra, el uso del lenguaje verbal es algo mágico y que ayuda a acercar el mundo, acercar nuestras emociones y nuestras ideas a los otros, y ayuda también, por qué no, a alejarnos, a distanciarnos cuando es necesario. Todo esto debe ser enseñado, por supuesto, con mucho cariño y de a poquitos, para que no lo viva como peligroso y siempre pidiéndole que cuando se sienta mal por algo que hemos dicho, que nos lo diga, que trate de no quedárselo dentro, para aclararlo, para revisarlo y contrastarlo con la realidad.

Otro tipo de personas las palabras las viven como inútiles. Generalmente dicen: "Para qué hablar si la persona no va a cambiar, o no me va a escuchar".

Lo primero que hay que tener claro es que la palabra no tiene como función que el otro cambie, tiene como función el comunicar al otro lo que me duele, lo que me fastidia o lo que me alegra. Si esto hace que el otro cambie, ¡qué bien! Pero si no es así, tampoco a la primera se darán los cambios; sin embargo, si al ver que el otro no ha cambiado o no ha escuchado nosotros decidimos callarnos, en verdad le estamos haciendo un favor, está logrando lo que quiere, que no hablemos más de aquello de lo que no quiere hablar.

Lo importante, como vuelvo a decir, es que no hay palabras inútiles, siempre son escuchadas en alguna parte del aparato psíquico de la persona; incluso se ha comprobado que hasta las personas en coma escuchan, y en alguna parte de su interior nuestra palabra estará quedando grabada. Otra cosa es que la persona quiera darnos señales de que la palabra ha entrado, porque muchas veces ni ellos mismos son conscientes de que ha sido así. Por eso es importante darnos cuenta de que ninguna palabra es inútil y, además, de que, si cada vez que hablamos la otra persona no quiere escuchar, o a pesar de nuestras continuas "habladas" no registra lo que decimos y no hay ningún mínimo cambio, tal vez debemos plantearnos qué nos sucede para estar con una persona así, tan cerrada, tan poco receptiva.

He tenido algunas veces pacientes, sobre todo adolescentes, a las que les era muy difícil hablar. Algunos porque su mundo de sensaciones era tan grande que los bloqueaba y les impedía abrir la boca y comunicar. Sólo su cuerpo comunicaba su nerviosismo, su intranquilidad. A ellos les ofrezco la alternativa de que cuando estén fuera de sesión me escriban lo que quieran decirme y me lo entreguen al inicio de la próxima sesión. Yo lo leeré delante de ellos y comentaré un poco lo escrito, lo cogeré por temas, por frases, por párrafos y hablaremos de ello. Así he descubierto que poco a poco les es más fácil hablar, y temen menos tanto a su palabra como a la mía. Con el transcurrir del tiempo, ya no hemos necesitado de papeles escritos, sino que hemos tenido una comunicación muy fluida.

Recuerdo una paciente que tuve, que casi no hablaba. Venía dos veces por semana porque estaba muy angustiada y temía hacer algún acto contra sí misma. Ella tenía razón, ya que cuando no se puede descargar el afecto, la emoción, con la palabra, se recurre al *acting* (*), a una acción que descargue toda esta ansiedad, toda esta emoción; y por esto es también importante desarrollar la palabra, para evitar que la persona se convierta en una persona que actúe según sus impulsos, o que por liberarse de la angustia decida cometer algún acto que le haga daño.

Como te decía, esta paciente, una chica joven de veintitantos años, venía dos veces por semana pero casi no hablaba en

* *acting*: término utilizado en psicoanálisis para designar acciones que presentan casi siempre un carácter impulsivo, en contraste relativo con los sistemas de motivación habituales del individuo. También se utiliza para los términos de actuación o paso al acto.

las sesiones. Venía, se sentaba, me hablaba de algo de lo que le había ocurrido en su trabajo en la semana y se callaba, y así sesión tras sesión. Siempre intentaba hablarle yo algo. No me gusta "dejar a los pacientes" que recién inician la terapia solos con el silencio, sobre todo cuando veo que sufren al hablar pero también al callarse. Así que yo le iba haciendo preguntas que ella contestaba con monosílabos: sí, no, no sé. Y así sesión tras sesión, iban pasando los meses. Yo siempre pensaba que no sabía a qué venía, pero nunca faltaba, así que me decía que algo de bien le haría, ya que si no no continuaría. Poco a poco empecé a hacer algunos chistes, que si ella no me hablaba yo iba a necesitar también terapia, que si no me hablaba me iba a poner muy triste, que si no me decía algo me moriría, etc.

Poco a poco iba viendo cómo se sonreía, pero nada más, así que le propuse que me escribiese lo que iba sintiendo en la semana, cosas que quisiese contarme y no podía, sueños, anécdotas. Y así poco a poco fuimos haciéndolo; al principio se ponía muy nerviosa cuando yo leía en silencio lo que me traía, jugaba con un pendiente en sus manos o con un abanico en el verano que abría y cerraba constantemente. "Se parece a ti –le decía–; te abres y te cierras", y ella se sonreía. Y así, de a poquitos, fuimos aprendiendo a hablar, con mucho esfuerzo, con paciencia, con mucho tiempo. En este caso, comprendí que una de las razones para que no hablase es que en su casa existía la ley del silencio, es decir, nadie hablaba ni contaba sus cosas, no era costumbre y además había cierto vacío ante sus afectos. Ella tenía la sensación de que sus cosas no interesaban a nadie y de que si contaba además que tenía problemas haría sufrir a sus padres, por lo tanto, callaba. Pero era igual ante todos: amigos, parejas, trabajo, etc. En todo lo demás era excelente persona, muy buena trabajadora, muy buena amiga, leal, constante, con mucha necesidad de aprender y de ser.

Nuestra relación duró tiempo, y aprendió a hablar, a comunicar lo que sentía, lo que le pasaba por su cabeza y su corazón, sobre todo con los nuevos vínculos de su vida, con los amigos más cercanos, con sus padres un poco más y con sus hermanos y resto de familiares. Se sintió más confiada en que su palabra no hacía daño, porque fue lo que aprecié en ella, y que no tenía que huir cuando alguien le decía cosas, sino aprender a contestarle... y quedarse.

Tengo muchas carpetas de pacientes con muchas cartas, algunas muy llenas, porque necesitamos un buen tiempo hasta empezar a hablar de otra forma.

Lo que sí es importante es que yo sí hablaba; tenemos que enseñar que el hablar no nos da miedo, aunque lo que digamos sea lo más duro del mundo, lo más fuerte, lo más delicado de decir o lo más difícil.

Nosotros no podemos temer a la palabra, sino enseñar poco a poco que el hablarlos, el decirles las cosas, el confrontar situaciones entre ambos y el hacer preguntas que nos preocupan acerca de él o de su proceso son cosas necesarias, y modos de expresarles nuestro amor y cariño hacia ellos, hacia su vida, hacia sus emociones.

Puede ser que no siempre hablemos todo en una sesión, puede ser que escojamos otro momento para hablar sobre algo, o que esperemos al momento adecuado hasta que creamos que el paciente lo puede entender o recibir. Pero nunca guardarlo para nosotros. No es justo ni para ellos ni para nosotros.

Trata de recordarlo siempre ya que esto es muy importante, y enlazo con la carta donde te comentaba que el terapeuta no debe temer a hablar ni a decir las cosas, lo que no significa que no deba cuidar el estilo de decirlas, de modo directo, preciso, sencillo y concreto, pero con cariño, con amor.

Bueno, yo creo que esta carta ha resultado bastante larga, así que por hoy me despido de ti con un gran besito.

13

CUANDO A VECES CONVIENE NO ESCUCHAR

Hola nuevamente:

Aquí me tienes; es la una de la mañana y estoy tratando de escribirte esta carta antes de irme a dormir. Tu mami llega dentro de quince días a Madrid y quisiera que esto estuviese terminado para cuando ella llegase, para tener más tiempo de hablar y estar juntas.

En la carta anterior te hablé de las palabras. Hoy quería hablarte de algo parecido pero diferente. Quería contarte lo que me pasó cuando fui a formarme con los Polster, con Erv y Miriam a California.

Todo el entrenamiento era en inglés, y aunque yo sabía algo del colegio, además, para mayor seguridad, había estado yendo a clases al Instituto Americano, para perfeccionarlo; cuando llegué a la Jolla (San Diego) me entrevisté con ellos y me explicaron que aunque mi inglés era bueno, posiblemente el curso sería un poco difícil ya que venía gente de todas partes de EE.UU. con diferentes acentos, que haría bastante difícil el entenderlos y que si yo creía que me iba a complicar mucho la vida, podía retirarme y no empezar.

Por supuesto, dije que no y empecé la formación. Mientras los escuchaba a ellos o a los profesores me iba bien, ya que el lenguaje era bastante bueno, las palabras me eran conocidas y me sentía a gusto. Pero luego en las prácticas, ahí sí que vino el problema. Yo tenía que ser terapeuta de algunos de mis compañeros de curso y algunos de los profesores acudían para ver qué tal lo hacíamos. Además, tenía que hacer co-terapia con otro compañero a un grupo de voluntarios estudiantes de la universidad que se ofrecían a esta experiencia, a cambio del tratamiento gratuito.

No sabes ni creo que nunca entenderás mi horror ante mi primera sesión, cuando mi "paciente", que era de Texas, deprimida y llorando, me contaba lo que le pasaba. ¿Cómo te puedo explicar que simplemente no entendía nada de lo que decía? Su inglés no era inglés, era algo mascado donde de vez en cuando asomaba alguna palabra que lograba articular completa; el llanto y los ahogos (ante su sufrimiento) impedían que además lograse escuchar bien, y al estar deprimida su voz era tan débil, que por más que le pedí algunas veces que levantara la voz, era imposible, y unas dos veces le pedí que me repitiera lo que me decía. Con pánico empecé a pensar que no podía a cada palabra estarle preguntando: "¿Qué? ¿Qué me has dicho?".

Y ella seguía hablando imparable y yo sin entender nada.

¿Cómo le decía al final que no había entendido nada?

El pánico fue haciéndose cada vez mayor, y por supuesto que pensaba que saldría expulsada inmediatamente de la formación al ver mi ineficacia e incapacidad tan bien demostrada delante del supervisor.

Ante este horror de los horrores, y pensando en todo lo que me había supuesto llegar hasta ahí, después de trabajar y ahorrar tanto, no me podía regresar sin nada para lo que había ido; desesperadamente empecé a buscar otras claves de entendimiento, otros signos que me dijesen algo, me dieran alguna referencia de lo que le estaba ocurriendo. Entonces me di cuenta de que una de sus rodillas estaba como doblada de un modo extraño y además hacía un ligero movimiento como de vaivén, pero sólo la rodilla (estábamos en cojines sentadas en el suelo). Le interrumpí lo que decía (no sabía ni nunca supe de lo que me hablaba) y le pedí que se concentrara en su rodilla, en el movimiento. ¿Qué le sucedía? ¿Qué quería decirle?

Ella inmediatamente se sorprendió ante mi petición pero aceptó meterse de lleno en el ejercicio y empezó a trabajar con su rodilla bajo las consignas que le daba. Poco a poco la voz se fue haciendo más fuerte, más clara, el llanto cesó y empecé a entender un poco más su trabajo. Pero aún no entendía todo (recuerda que era de Texas), así que mirando alrededor de la sala vi una caja de lápices de colores y le pedí que cerrase sus ojos, se concentrase en su rodilla y luego pintase lo que le saliese.

¡¡¡¡Y me dibujó una rodilla de elefante!!!!

No sabes lo que esto le ocasionó. Recordó después de muchos años que en el colegio le decían elefante por su gran físico y su torpeza de movimientos y los niños se burlaban de ella, y cómo ella se había protegido con una gran coraza, pero que en el fondo no era real y su rodilla la delataba. En verdad, lo que quería era correr.

Terminamos el ejercicio, me abrazó y me agradeció mucho; me dijo que la había ayudado un montón y que felizmente había cortado su "rollo" de hablar, en el cual siempre se metía y no sabía salir, sólo ir a un pozo cada vez más oscuro.

Así que encontré mi solución. Durante un mes, hasta que se fue haciendo mi oído a todos los acentos, puse los lápices de colores en una canasta pequeña que había y así me iba a mis sesiones (me llamaban luego Caperucita), trabajaba de esa forma. Intentaba olvidarme de tratar de entender el discurso verbal y agudizaba mi mirada en sus movimientos, en sus silencios, en los respiros, los cambios de tono. Y luego hacía que me dibujara lo que me estaba contando. Era un modo de ver yo lo que yo no entendía con mis oídos, y ellos de poner gráficamente algo que estaban expresando en sonidos.

No sabes el éxito que tuve. ¡Tenía una larga fila de gente que se apuntaba para hacer sus sesiones conmigo, ya que como todos nosotros éramos terapeutas, todos estábamos más que entrenados en la técnica de la silla vacía, de las polaridades, etc. Así que hasta lo hacíamos solos, mientras que este modo de trabajar sin la palabra, sin la historia durante ese tiempo hacía que los canales de expresión y percepción que no se usaban se abriesen.

Esta historia, que en apariencia parece divertida, pero que a mí me costó sangre, sudor y lágrimas, me enseñó, en este caso por extrema urgencia y necesidad, a no depender tanto del discurso verbal, de entender lo que el paciente quiere contarnos, y dedicarnos a otras partes de él mismo, que también están comunicando, están diciendo, pero desde otro sitio y de diferentes modos.

Es como cuando uno apaga el sonido de la televisión y trata de entender qué es lo que pasa, pero no por leer los labios, sino por las expresiones, los movimientos, los desplazamientos de los personajes; esto ayuda a tener otro punto de comprensión del asunto.

14

CONTANDO HISTORIAS

Hola, aquí quisiera contarte algunas historias que a veces me han sido muy útiles para algunos pacientes o algunas sesiones. No siempre todo el trabajo tiene que estar relacionado con lo que cuenta el paciente. Yo he encontrado muy útil a veces relatar ciertas historias, a veces sucesos reales, anécdotas, y otras historias que he leído en libros y que he creído que eran muy útiles para un proceso terapéutico, al menos a mí me sirvieron en diferentes partes de mi propio proceso. Espero que a ti también te sirvan y a tus pacientes cuando decidas contárselas.

Es que eso me es muy difícil...

Algunos pacientes dentro de su terapia ponen como objetivo superar o vencer, por ejemplo, algunas dependencias, tratar de cambiar cosas que no les gustan de ellos mismos. Todos sabemos que incluso aceptando que hay cosas que les hacen daño, por ejemplo, el hecho de fumar o alguna otra adicción, les es difícil hacer estos cambios, y generalmente la frase que usan es: "Es que me es muy difícil".

Yo siempre empiezo por decir que no estamos planteándonos las cosas como fáciles o difíciles, sino en términos de qué es lo mejor para ti, o qué es lo que tú sientes que es mejor para ti.

Pero como veo que esto no les es suficiente para que lo entiendan o para que se convenzan les cuento la siguiente historia, que me la contaron hace muchos años y pertenece a la filosofía hindú. La leí en el libro del Baghavad Ghita, que en sánscrito significa "Loas al Señor"; no sé si la estaré contando exactamente, pero es la parte que a mí más me impresionó, y que siempre se la cuento a los pacientes, y te la cuento a ti:

Se trata de la historia de Arjuna, que en el idioma sánscrito significa "conciencia". Arjuna era el guerrero más grande de todos los Pandavas; los Pandavas significarían o representarían a las virtudes.

Arjuna era el mejor guerrero y todo el mundo lo admiraba; el Maestro de Arjuna era Krishna. Un día ambos se enteran de que la Ciudad de la Sabiduría, también llamada la Ciudad de los Elefantes, (porque los elefantes son una representación de los sabios), es decir, tienen orejas muy grandes para escuchar, tienen una memoria conocida como memoria de elefante, por así decirlo, una gran memoria; también tienen unos ojos pequeños, como para poder concentrarse, y dicen que son capaces de levantar una pata para que pase una hormiga, pero al mismo tiempo, si algo los enfurece, son capaces de destrozar todo). Como te decía, avisan a Krishna y a Arjuna de que la ciudad de la Sabiduría, la Ciudad de los Elefantes, estaba siendo atacada por los Kuravas, que representan a los defectos; Arjuna decide armar su ejército y defender esta ciudad. Arjuna por supuesto tenía muy buena autoestima; arma todo su ejército rápidamente y empieza a hablarles y a hacer las respectivas arengas militares, diciendo que será una empresa muy fácil, que no se preocupen, que él tiene un arco muy certero y que irán rápidamente a la Ciudad de los Elefantes para poder defenderla y así rápidamente rescatarla de los Kuravas. Luego se monta en el carro y dentro del carro va Krishna, su maestro.

Empiezan la marcha y cuando comienzan a acercarse, todos vestidos con sus armaduras, con todo su ejército detrás (imagínatelo tipo película épica), Arjuna da la orden a su ejército de que se empiece a acercar a la Ciudad de los Elefantes. Ve en las colinas al ejército de los Kuravas, que también ya avisados lo estaban esperando; Arjuna inmediatamente empieza a hablar con su ejército, les da valor y les dice: "Cojan todas sus armas y estén listos para disparar cuando yo les dé la orden!". Comienzan entonces a aproximarse para poder atacar a los Kuravas desde una posición más cercana y conforme se van acercando donde los Kuravas esperaban, empieza a reconocer entre todo ese ejército a su padre, a su hermano, primos y a sus mejores amigos, y entonces en lugar de dar la orden de disparar, se gira hacia su Maestro, hacia Krishna, y le dice: "Pero Maestro, yo no puedo", y entonces Krishna le contesta: "¿Qué es lo que no puedes?".

"¡No puedo disparar a los Kuravas!", le contesta Arjuna.

"Tienes que disparar, tienes que defender la Ciudad de la Sabiduría", le dice Krishna.

"Pero ¿no té das cuenta de que yo no puedo?, ¡Estaría matando a mi padre, a mis hermanos, a mis primos, a mis mejores amigos! ¿Es que eso yo no lo puedo hacer!".

Y entonces Krishna le contesta: "Y ¿qué crees que son los efectos? Los defectos, Arjuna, no son nada extraño a ti; cada vez que peleamos por superar un defecto, cada vez que peleamos o que tratamos de vencer alguna adicción lo que estamos haciendo es justamente eso, estamos peleando contra nosotros mismos, con algo que es carne de nuestra carne, y que amamos y muchas veces nos ha acompañado a lo largo de nuestra vida, algo que amamos tanto como si fuese un familiar, como si fuese un amigo. Y cada vez que hacemos una pelea para vencer una de estas cosas, uno de estos miedos, es como si estuviéramos matando a nuestro padre, a un hermano o a un amigo.

Arjuna siente que no puede, se echa a llorar dentro del carro y siente que no va a poder, que le es imposible pelear; sabe que es un buen guerrero pero no puede matar a estos seres queridos.

Bueno, esta historia continúa y Krishna le empieza a hablar y le dice que todo guerrero, que toda consciencia debe ser capaz de elevarse sobre sí mismo y a pesar de que sienta que está matando a partes de sí, es necesario hacerlo para salvar la Ciudad de la Sabiduría. Entonces Arjuna seca sus lágrimas, se vuelve a poner de pie, vuelve a enfrentar con la mirada a todo ese ejército de los Kuravas (de los defectos), y despidiéndose por última vez da la orden a su ejército y empiezan a atacar. Al final logran rescatar la Ciudad.

Es una historia muy bonita que se me quedó muy grabada cuando me la contaron y habitualmente la he ido contando a muchos de mis pacientes, tal vez con la idea de que cuando están tratando de vencer algo –un miedo, una fobia, tratando de vencer alguna adicción, algo que les hace daño– siempre les digo que visualicen que es como si estuviesen matando algo suyo, no algo extraño. La mayoría de nosotros tenemos la idea de que cualquiera de estas cosas son agregadas, que no nos pertenecen y, aunque va a ser un poco difícil la pelea y a veces más "cruenta" para unos que para otros al final es la conciencia Arjuna la que debe erguirse sobre nosotros mismos y tratar de vencer, tratar de ir contra estos defectos, contra estas partes de nosotros mismos que nos hacen daño o nos están destruyendo.

Acerca de lo que es importante...

Hace algunos años unos amigos peruanos que trabajaban en Francia me invitaron a ir a Guinea Ecuatorial. Ellos trabajaban de cooperantes para Francia en Bata y me dijeron si quería ir para hacer una pequeña investigación acerca de la situación de la mujer, tanto en España, como en Perú y en Guinea. Acepté, toda contenta, y llena de todas mis ideas. Recuerdo que, después de un azaroso viaje por España, donde generalmente todo el mundo me preguntaba qué se me había perdido en Guinea, partí a Malabo; allí tuvimos que tomar un avión militar pues parece que en esos momentos Guinea Ecuatorial tenía muchos problemas tanto con España como con el resto de cooperantes extranjeros. Todo esto sumó muchísimas horas de viaje, pero estaba contenta de ver a mis amigos nuevamente después de tiempo. En la noche, había llevado una serie de alimentos como para poder preparar unas recetas de comidas peruanas, así que me dirigí a la cocina donde estaban dos mujeres nativas, que sabían español, una de ellas se llamaba Cecilia. Me puse a preparar la salsa en la batidora, muy contenta, y como un modo de acercarme a Cecilia, al terminar de preparar la salsa la invité, y le dije: "¿quieres probar?". Aceptó y le di una cuchara con un poco de esa salsa que en nuestra tierra se llama ocopa; la probó y, con un gesto natural mío, le dije: "¿Te gusta?". Y me contesto: "Si es comida cómo no me va a gustar". Yo recuerdo que en ese momento es cuando sentí que había ingresado en otro mundo en otra realidad; me dejó su respuesta tan confusa o tan bloqueada que recuerdo que paré todo lo que estaba haciendo y me fui a sentar a la sala; era como si me hubieran pegado un mazazo. "Si es comida cómo no me va a gustar"... me sentí por supuesto la mujer más tonta y estúpida, extranjera que ni tan siquiera sabía a qué país venía y además con las exquisiteces occidentales de que esto me gusta, esto no me gusta, le falta sal, le falta pimienta o un poquito de vinagre. "Si es comida cómo no me va a gustar"... de alguna manera esto me hizo de una vez por todas recapacitar en muchísimas cosas y en muchísimos detalles que a veces damos importancia, y a otro: "si es comida cómo no me va a gustar"... Esta historia siempre la he contado como ejemplo de lo que a veces no valoramos, las cosas que tenemos; generalmente, cuando somos pequeños siempre nos dicen que no dejemos la comida, que en África siempre hay gente que se muere de hambre, y eso que yo vengo de un país tercermundista, de Perú, donde la gente también se muere de hambre, pero nunca antes había escuchado esa frase, nunca antes había estado tan cerca de esa frase: "si es comida cómo no me va a gustar"...; y es cierto, la comida, más que un gusto, es una necesidad: se necesita para vivir, para sobrevivir, para crecer fuerte, y esta historia la cuento muchas veces en terapia cuando estamos sufriendo por cosas que no tienen nada que ver con necesidades, cuando en apariencia pareciera que el sufrimiento viene de una necesidad muy básica y no es así. No es comida, no es agua, no es frío ni calor, no es necesidad de contacto humano; son necesidades agregadas que muchas veces hacen que tengamos "carencias" o aparentemente necesitemos tanto algo, que inclusive nos enferma.

Esto tampoco quiere significar que nosotros no podamos tener gustos o no podamos tener deseos, pero a veces les enseño que hay una diferencia entre lo que es una necesidad, un gusto o un deseo; yo puedo desear un vaso de agua, por ejemplo, o puedo necesitar un vaso de agua, o me gusta un vaso de agua. Si digo: "A mí me gusta un vaso de agua", es una expresión, estoy comunicando que me gusta el agua, pero no tengo la urgencia de tomar agua; en cambio si digo: "Deseo un vaso de agua", quiere decir que hay algo ya en mi cuerpo que necesita o está pidiendo al menos un poco de hidratación, un poco de agua, pero puedo postergar la satisfacción, no es urgente.

Finalmente cuando digo o siento: "Necesito un vaso de agua" se convierte en una urgencia y por lo tanto en una necesidad; por eso mismo Cecilia sin querer me hizo la distinción cuando me dijo: "si es comida cómo no me va a gustar"; que la frase estuvo mal dicha, la pregunta estuvo mal hecha, ya que le pregunté: "¿Te gusta?", no le pregunté si tenía o no tenía hambre, si en su casa pasaban hambre. Cuando la fui conociendo más a lo largo de los días, me fue contando toda su historia. Ella estaba trabajando en la casa de mis amigos porque había enviudado y quería pagar su rescate; su familia había recibido un dinero de la familia de su esposo cuando se casó y ella tenía que devolver esa cantidad para regresar a su casa. Ahora no tenía cómo devolver esa cantidad y por eso trabajaba. Poco a poco nos fuimos haciendo amigas, me fui enterando de más cosas y fui entendiendo que mi frase, si te gusta o no te gusta la comida, era irrelevante para ella: no era cuestión de gustos, era cuestión de necesidad y por eso muchas veces con los pacientes dentro de este ejercicio trabajamos, en verdad, qué es lo que necesitas, qué es lo que es un gusto. Esto no significa que no sepamos qué nos gusta y que nos lo podemos dar como satisfacción, pero hacer una discriminación entre lo que en verdad necesitamos y qué desearía o me gustaría, pero puedo postergar sin un gran sufrimiento.

Aferrándose a una flor

Una vez en una terapia de grupo uno de los participantes, compañero nuestro, compartió con nosotros la siguiente experiencia: él empezó a recordar con uno de los ejercicios de terapia que estábamos haciendo este suceso:

Él es judío-alemán y empezó a recordar cuando era muy pequeño los bombardeos en la Segunda Guerra Mundial. Recordaba que él era bastante pequeño, tendría un año más o menos; decía que justamente ahora se le habían venido las imágenes y las emociones también, y empezó a recordar cuando estaban todos escondidos en su casa, en el refugio, para evitar que cuando pasaban los nazis los descubriesen, a él lo metían dentro de una canasta, como las de ropa sucia, y lo tapaban con las sábanas y con toda la ropa para que si lloraba los de la SS no sintieran su llanto y pusiese en peligro a todos; poco a poco en este ejercicio empezó a recordar esa opresión que a veces sentía, como cuando lo ponían dentro de la canasta con todas las cosas encima y tapaban la canasta para que no lo escucharan por si él lloraba y así las tropas nazis no lo descubrían. Una de estas veces hubo un bombardeo y lo único que él recuerda es que estuvo tirado en la vereda, parece que la bomba había explosionado y había caído muy cerca de la casa. Ésta se había derruido y él en la explosión había saltado y estaba tirado en la vereda. Se veía solo, hacía frío y lo único que él empieza a recordar es la sensación de soledad y de que todo estaba como con una sensación de cansancio y que prefería morirse.

También se acuerda de que empezó a llorar y sintió que nadie lo recogía en medio de todo aquel desorden del bombardeo y en un momento tuvo la sensación como que decía: "Bueno, me quiero morir, no quiero estar aquí" y dejar de llorar y empezar a dejar morirse. A los pocos segundos, recuerda que giró la cabeza y vio en medio de la vereda en la que están las ranuritas donde se juntan dos losetas, en medio de ese polvo seco, una florecilla de color amarillo chiquitina que estaba ahí naciendo o creciendo, y él se quedó prendado de esta florecilla. "Bueno, sé que en ese momento no podía pensar, no tenía palabras, no tenía nada, pero lo recuerdo así". Nos dice y nos sigue diciendo que él se quedó mirando esa florecilla y empezó a tener la sensación de asombro de cómo una flor tan chiquitina puede crecer ahí en medio de aquel bombardeo, cómo puede crecer en medio de toda aquella tierra seca; y se quedó así mirando esa florecilla tan bonita y veía como que relucía de su color amarillo, no sabe cuánto tiempo estuvo así hasta que pasó una vecina que dijo: "Anda pues, si es fulano de tal, y recogió al bebé y lo llevó a otro refugio donde estaban sus padres, que lograron escapar de Alemania y se salvaron. Yo cuento esta historia como un modo de que nos demos cuenta de cómo a veces a las pequeñas cosas, insignificantes, cuando uno quiere y lo desea, podemos aferrarnos para seguir viviendo; es cierto que muchas veces hay cosas que nos ahogan, cosas que nos agobian y que hacen que nos encontremos como se encontraba este niño metido dentro del canasto de la ropa sucia metido con tantas cosas encima sin poder respirar.

Tenemos tantas cosas que nos hacen no respirar pero es un modo de sobrevivir un modo que ante el miedo nos ayuda a sobrevivir, ante todos estos problemas. ¡Cuántas veces hemos podido ver una florecita en medio de estas veredas y a veces no le hemos hecho caso! Con esto me refiero a que en la vida de una persona suceden mil cosas, mil cosas a las cuales agarrarse con los dientes o con las uñas y otras mil para justamente soltar las manos y dejarnos. Depende de cada uno poder desarrollar día a día la capacidad de aferrarnos a cualquier cosa, y convertirla en mágica, a que justamente cuando estamos más tristes haya una llamada de teléfono, o que justamente cuando estamos sintiéndonos más solos, en ese momento miremos a alguien y que parezca que nos sonríe y creen que nos está sonriendo a nosotros. Cuando a veces nos sentimos más desdichados justo nos llega una carta que nos alegra; hay una capacidad de vida o una capacidad de morirse. La capacidad de vida o de disfrute sería que cualquier signo lo tomamos en beneficio nuestro, para seguir viviendo y disfrutando; a veces no importa si es cierto o no, no importa si esta persona que pasaba a nuestro lado y sonríe, no nos sonreía a nosotros, sino a alguien que está más atrás, pero en ese momento me es importante pensar que me sonreía a mí, porque yo quiero seguir viviendo, porque quiero seguir disfrutando. Otras veces hay otro tipo de situaciones o de momentos en que a nosotros no nos da la gana de ver esa sonrisa, sino que somos escépticos, no queremos tener ese dato y aunque a veces nos pasen cosas bonitas alrededor, no las queremos tomar, queremos seguir estando fastidiados, queremos no seguir creyendo, queremos no agarrarnos a las cosas para seguir viviendo.

Esto es un entrenamiento que se hace día a día, un entrenamiento que podemos enseñar a los niños: qué cosa me ha hecho hoy seguir vivendo y aunque haya cosas demasiado terribles en un día, siempre habrá algo. Debemos buscarlo; y este radar interno se va a ir desarrollando, va a ir creciendo de a pocos y a poquitos hasta que se vaya haciendo automático, hasta que nuestro entrenamiento se haga todos los días de manera automática y nos aferremos a los detalles y creamos en ellos, y podamos llenarlo en nuestra cantimplora de hechos bonitos, la cantimplora que guarda todas aquellas cosas que se mantendrán en reserva para los momentos de sequía.

Aprendiendo a escuchar...

Te voy a contar una de las primeras cosas que aprendí cuando hacía prácticas para la asignatura de entrevista psicológica.

Recuerdo que era una de nuestras primeras prácticas en Hospitales, no sé si estábamos en 1.º de Psicología; era una de nuestras primeras ocasiones en que utilizamos la bata blanca. El psiquiatra era el encargado de ver nuestras prácticas y nos dio la consigna de no hablar, tan sólo observar, para luego comentar lo que habíamos visto. Así que nos dispusimos a escuchar.

Entró el paciente, y el médico lo saludó le explicó que éramos estudiantes en prácticas y que íbamos a colaborar con él.

El paciente empezó a contar su historia cuando el médico le pidió que nos hablara acerca de la causa por la cual estaba ingresado en el Hospital.

"Bueno, es muy sencillo de contar. Yo estoy casado hace algunos años. Mi mujer es muy bonita, y yo la quiero mucho, pero desde hace algún tiempo siento que ha cambiado mucho. Se arregla más de la cuenta, no me hace caso cuando le hablo, la noto impaciente e irritable. Cuando le pregunto qué es lo que le pasa me dice que nada y evita mi mirada. He intentado por todos los medios de complacerla, de agradarla, pero parece que no surte efecto. Ella tiene mucho tiempo libre ya que sólo se ocupa de la casa mientras que yo trabajo todo el día.

Poco a poco he ido sospechando que mi mujer se encuentra con alguien mientras yo estoy trabajando fuera de casa. Es la única explicación que podía darle a tanto desinterés y a ese cambio tan brusco de modo de comportarse conmigo.

Poco a poco fui haciendo un plan en mi cabeza...

Conseguí por un amigo una pistola y la escondí dentro de casa hasta que estuviese seguro de lo que iba a hacer. Como la situación con ella no cambiaba, sino que iba a peor, escogí el día en que lo haría. Ese día fue el martes, ya que en la oficina no hay tanto trabajo y eso me permitía ausentarme un tiempo sin que hubiese problemas.

Así que ese martes salí como todos los días de mi casa, temprano en la mañana, pero esta vez llevaba la pistola en el bolsillo; me senté a esperar en un café que queda cerca de mi casa, hasta que más o menos a eso de las diez de la mañana apareció un hombre que yo había visto alguna vez merodeando por nuestro edificio, así que esperé a que entrara. Después de unos minutos me levanté de mi silla y me dirigí a mi departamento. Cuando llegué a la puerta abrí en silencio y llamé a mi esposa. Nadie me contestaba, fui a la sala, a la cocina, pero no había nadie; entonces, cogiendo la pistola y cargándola, me dispuse a subir las escaleras para ir al dormitorio, al abrir la puerta y apuntar vi...

"Muy bien muchas gracias", dijo nuestro querido (¿odiado?) profesor y despidió al paciente. Esperamos a que saliera y nos quejamos tremendamente a él:

"¿Cómo puede hacernos esto?, ¿qué fue lo que pasó?, ¿había alguien con la mujer?, ¿la mató?, ¿por qué no dejó que terminase lo que estaba contando?

"Muy bien –nos dijo–, lo que yo ahora quiero, que es lo que nos trae a este hospital, es que me digan lo que han observado, tanto del sujeto como de su conducta, algún síntoma, descripción física, lo que quieran.

Por supuesto que nosotros estábamos en blanco. No teníamos ni idea; justo yo recordaba que tenía el pelo oscuro y rizado y creo que era delgado; luego lo demás ni idea, la verdad. Y lo mismo les pasaba a todos nuestros compañeros, no habíamos visto nada, nada de ¡¡¡nada!!!

Y esto fue lo que nos quiso enseñar nuestro querido profesor, y lo que quiero enseñarte a ti. Generalmente, cada persona que va a sesión nos trae historias que muchas veces son fascinantes, otras de "suspense", otras muy seductoras para atraer nuestra atención, pero es muy importante que no nos quedemos pegados a ella, de tal modo que perdamos el resto de nuestra consciencia hasta el punto de que nos olvidemos de prestar atención a otras cosas que también son muy importantes, como por ejemplo movimientos del cuerpo, gestos, silencios, tics nerviosos, rasgos importantes tanto en su físico como en su manera de ser, etc.

Por supuesto, aunque insistimos, nunca nos enteramos de cuál era la verdad de la historia.

"La verdad de la historia –nos decía nuestro profesor– es que recuerden que Uds. no son policías ni detectives, ni historiadores, ni periodistas documentalistas, que tienen que llegar a la verdad de los sucesos, saber con exactitud lo que pasó, los hechos y sus consecuencias, Uds son psicólogos, y lo que les importa es cómo vive él esta realidad, cómo es su realidad interna, que lo hace sufrir, que lo hace aislarse, qué lo hace padecer o disfrutar. Y hay que observar todo lo necesario, no sólo el discurso verbal, sino todos los demás, los de su cuerpo, sus silencios, cambios de tono de voz, sus modulaciones, sus tiempos, para poder ayudarlo en su angustia, en su adaptarse al mundo de fuera del hospital, para poder establecer unas mejores relaciones con las personas que él quiere y que le quieren".

Por eso, nunca tengas miedo de interrumpir a tu paciente en medio de un discurso que en apariencia no se puede interrumpir. Esto está bien, si es fuera de la sesión, fuera del marco terapéutico; a un amigo no se le interrumpe, a una persona que te habla tampoco, Pero en sesión, si crees necesario hacerlo porque tienes que señalar cosas, porque quieres poner más foco, más luz en determinados aspectos que estás observando, por ejemplo, cómo junta sus manos, cómo retuerce su dedo con el anillo de casado es importante que le interrumpas, que le hagas ver lo que está sucediendo en otras partes de él de las que por ahora no es consciente. Para eso va, para eso está contigo, no sólo para que escuches lo que habla y lo que te cuenta, sino también para que escuches esas otras partes suyas que también están diciendo algo, pero que él no sabe ver por ahora, Así que ya sabes, espero que esta historia te sirva tanto como me ha servido a mí. Lo que no quita incluso ahora que no quiera saber cómo era la verdadera historia (¿será también porque tengo algo de vocación periodística?).

Un beso.

¿Mente amiga, mente enemiga?

Ésta es una historia que contó un paciente en su primera entrevista:

"Quisiera empezar a hacer una terapia. Siempre había pensado que nada de esto servía, pero te voy a contar una historia, mi historia, la que me ha convencido para hacerla.

Siempre he pensado que era estéril, no sé por qué. Tal vez por inseguro, por pensar en tonterías, pero tenía esa seguridad. Cuando me casé empezamos a buscar los hijos pero no venían; esto hacía que se confirmara la sensación que siempre había tenido. Mis amigos me decían que eran ideas, y que era mi ansiedad posiblemente la que hacía que no pudiera tener hijos, pero nada de esto me convencía.

Después de dos años me decidí a hacerme un análisis de esperma y salió que tenía muy pocos espermatozoides y que además eran muy lentos; ésa era la causa de que mi esposa no concibiera. Como comprenderás, esto terminó de hundirme. Un día en una reunión de amigos uno que era médico me preguntó qué me pasaba y le conté mi caso. Me citó para el día siguiente pues me dijo que tenía la solución para mí.

Al día siguiente en su consulta, me dio unas pastillas para que tomara todo un mes y luego me volviera a hacer las pruebas; me dijo que eran muy buenas, para aumentar la fertilidad masculina, recién llegadas de EE.UU. Hice todo lo que me dijo y al mes me volví a hacer las pruebas. Dieron resultados completamente normales e inclusive altos de espermatozoides.

Al año estaba naciendo nuestro primer hijo.

Durante todo este tiempo no volví a hablar sobre este tema con mi amigo, pero un día en un paseo, cuando los dos nos fuimos a comprar las bebidas le agradecí su ayuda y sus pastillas, y le pregunté cómo se llamaban.

"No son nada –me dijo–, eran simples cápsulas para el dolor de cabeza".

No lo podía creer pero es así. Esto me pasó hace una semana y por supuesto me hizo darme cuenta de hasta qué punto mi mente es tan fuerte que desde mis miedos o fantasías ha sido posible que cambie incluso los resultados de dos análisis. Por esto me he planteado el empezar una terapia; no quiero que me vuelva a suceder, quiero ser yo el que maneja mi mente y no al revés y sé que la terapia me puede ayudar en eso y más cosas".

Como verás, es una historia real, real en todos los sentidos, desde cómo me la contaron hasta cómo sucedió para él. Y es cierto, la mente, sus miedos, las ideas que nos impiden vivir, ser felices, disfrutar con las cosas tienen tanta fuerza y energía como puedes ver. Esto no quiere decir que todo sea producto de nuestra mente, pero tal vez sí la fuerza de lo que nos pasa, o el tiempo en que alargamos los malestares.

Puede ser que al principio para este paciente el no tener el niño fuera simplemente "cosas de la vida", del tiempo, de procesos. Pero sus miedos, sus fantasías catastróficas, su profecía autocumplida hizo que su organismo trabajara para que esto sucediera. Es decir, muchas veces ponemos tanta energía, a veces sin saberlo, en las creencias negativas sobre nosotros mismos, sobre el mundo y sobre las personas, que no nos damos cuenta de que con nuestra fuerza mental y psíquica, con nuestra energía, hacemos lo imposible para que esto se dé.

Y lo mismo sucede al revés, si practicamos lo suficiente, si nos entrenamos, veremos cómo las cosas buenas también se acercan a nuestras vidas, a nuestras personas.

Acerca de la vida y nuestros recursos

A veces nos encerramos en nuestras propias limitaciones; otras creemos que el mundo, la vida, nuestro destino o cualquier otra causa es responsable de que no nos sintamos mejor, de que no nos sucedan las cosas. Y la cosa es más sencilla de lo que parece, pero depende de nosotros que no nos escondamos en nuestras rigideces, en nuestras estructuras defensivas, como excusa para no ver en nuestro interior y darnos la posibilidad de cambiar.

Diego ¿te acuerdas de él? Cuando eras pequeño iba a pintar muchas veces sobre la mesa de mi comedor cuando iba de la universidad a su casa, para avanzar sus trabajos de Bellas Artes. Pues bueno, Diego me contó un día de un amigo suyo, también pintor, al que le prestaron un departamento en París unos amigos, y él feliz se fue allí, por seis meses, para pintar al fin en la Ciudad Luz. Llegó lleno de pinceles, sus pinturas y todo el entusiasmo que nosotros podemos tener cuando nos vamos con nuestros sueños a aquellas tierras sobre las que tanto hemos leído y escuchado hablar. Pues bien, como te decía, partió feliz para París y cuando llegó al piso se encontró con la sorpresa de que era un piso elegantísimo, todo alfombrado y además con las paredes blancas.

"¡Horror! –pensó–; no podré pintar aquí. Voy a mancharlo todo". Él era un pintor que pintaba en azules, amarillos, es decir, en colores fuertes. Y no se atrevía a pintar nada ya que sus amigos con muy buena voluntad le habían prestado el piso, pero tampoco tenía dinero para alquilarse un estudio. Ya bastante esfuerzo era mantenerse por seis meses en París. Así que empezó a no pintar y a sentirse mal, pues sentía que estaba desperdiciando su tiempo y su dinero, estando seis meses allí sin pintar aunque París fuese muy bella.

Hasta que se le ocurrió una idea: ¡pintaría con pinturas grises, el color de la alfombra!

El gris era un color que él nunca había usado, así que esos seis meses se los pasó pintando y descubriendo todo un mundo desde los diferentes tonos de grises; y así pintó toda una colección de cuadros que luego fue expuesta en muchas partes con gran éxito.

¿Ves a lo que me refiero? Si él se hubiese quedado rumiando su mala suerte dando vueltas sobre la incapacidad de pintar en ese lujoso piso, no hubiese descubierto nada de sí mismo, ni hubiese avanzado en su proceso de pintor. Pero en lugar de molestarse con la vida, con los amigos, con el piso, con París, decidió flexibilizarse e integrar los obstáculos en el motor de cambio. Si no quería manchar la alfombra o al menos si cayese pintura que no se notase tanto, y la alfombra era gris, lo único que tenía que hacer era cambiar los colores de su pintura habitual. Integró lo que en ese momento la vida le ponía con su proseguir con su proceso de pintar.

Por esto es importante esta historia y siempre se me quedó grabada. Se me quedó grabada, como ejemplo de lo que a veces la vida nos ofrece, y que en apariencia nos lo pone como obstáculo, pero que si sabemos girar las cosas, movilizarnos y jugar con ello, podemos convertir los obstáculos en recursos, en instrumentos creativos de nuestro ser.

15

ALGUNAS TÉCNICAS GESTÁLTICAS QUE TE PUEDEN AYUDAR

Cada técnica ayuda en un momento determinado de la terapia. Pero siempre hay que recordar que la técnica ayuda o debe ayudar al paciente y no como objetivo al terapeuta para llenar espacios donde no sabe qué hacer ni qué decir.

Y al mismo tiempo cada "tarea", cada ejercicio no tiene por qué ser completado en una sesión. El terapeuta no tiene por qué apurarse para dar todas las respuestas, todos los señalamientos, cada vez que se trabaje algo; lo importante es trabajar bien cada cosa, el tiempo que sea necesario y las sesiones que sean necesarias. Incluso cada ejercicio puede ser trabajado a lo largo de la terapia varias veces, y "abandonado" otras tantas hasta un mejor momento, o cuando creamos que es importante regresar a ese tema, ya que puede ser más provechoso si lo revisamos nuevamente con otros ojos y desde otro sitio del proceso terapéutico.

Por eso vuelvo a repetir, estos "ejercicios Gestálticos" sirven sobre todo para que el paciente poco a poco se vaya familiarizando con la técnica y vaya desde el principio teniendo alguna tarea para trabajar fuera de la sesión. Al mismo tiempo, también es necesario hablar sobre lo que sintió mientras se hacen estas tareas.

También es importante saber que el terapeuta no debe ser en esto como el profesor que lee los trabajos cuando el alumno no está presente. En nuestro caso, todo debe ser leído delante de la persona para comentarlo con ella y trabajarlo.

Lo importante de las consignas es darlas más o menos como las presento y que la persona conteste como lo entienda, ya que no hay respuestas malas ni buenas; si las aclaramos demasiado, se pierde el lenguaje del inconsciente, y todo queda reducido a una simple tarea de clases escolares, donde se pone más lo que el profesor quiere que se ponga y no lo que se entiende o en ese momento somos capaces de revelar de nosotros

"¿Cómo me siento?" (Idoia, veintiseis años).

"Hoy me siento..." (Gastón, treinta y ocho años).

mismos. Por eso es muy importante que esta consigna sea dada de esa manera, como muchas consignas; es la respuesta de cada uno (cada paciente generalmente la desarrolla de diferente modo) lo que nos va a dar las pistas para llegar a sí mismo.

Técnicas de ayuda para el inicio de una terapia

El uso del cuaderno

Generalmente, a todo paciente le digo que mientras estemos trabajando juntos posiblemente le deje algunas "tareas" para hacer fuera de la sesión. Para esto le pido que traiga a la sesión un cuaderno, al que lo llamaremos cuaderno de terapia, que servirá para que vaya apuntando las cosas que vamos trabajando. Puede escoger el cuaderno que sea, será suyo.

El objetivo de este cuaderno es que al ponerse a escribir fuera de la sesión obliga a pensar y poner en claro las cosas de un modo diferente que cuando las decimos verbalmente.

Al mismo tiempo, lo escrito queda, y es un modo de que al pasar el tiempo, incluso cuando la terapia haya terminado, quede como un recuerdo. Ir viendo cómo se venía al principio, las cosas que se ponían, y las cosas que se han ido haciendo al final.

También aconsejo que se ponga fecha a cada trabajo o apunte hecho para tener una secuencia más ordenada de los cambios, de los estados de ánimo, por ejemplo.

Los trabajos hechos dentro de la sesión, por ejemplo, dibujos, apuntes míos, redacciones, etc. los guardo en una carpeta de color. Por esto, al principio, les pido que escojan qué color de carpeta prefieren para que yo guarde sus cosas. Intento tener colores bonitos y diferentes y evito el color negro y el gris en lo posible, ya que puede ser que si una persona viene con depresión, al principio escoja esos colores porque concuerdan con su estado de ánimo, pero luego conforme se sienta mejor, ese color le recordará siempre su malestar original.

No todos mis pacientes han hecho su cuaderno; algunos porque se "resistieron mucho" como si el escribir algo en él significara algo fijo, que no se pudiese cambiar, o les movilizaba las indecisiones y las inseguridades, ya que sentían que si lo escribían no era el cien por ciento de las veces así. Todo esto por supuesto nos sirvió para trabajarlo en sesiones. Nunca he forzado, pero sí he insistido en que lo hicieran explicando las ventajas a lo largo del proceso. Otras veces he dejado que repose la idea y la he vuelto a proponer dentro de un tiempo. La mayoría de las personas han estado contentas de su cuaderno; poco a poco, cuando el proceso de la terapia va avanzando, cada vez existe una mejor posibilidad de verbalización y de reflexión fuera de las sesiones, de modo natural, el cuaderno se va usando menos, lo que no significa que a veces regresemos a él.

Otros pacientes lo han utilizado además para apuntar reflexiones que han hecho fuera de las sesiones, sin seguir ninguna consigna, sino simplemente cosas que se le han ido ocurriendo.

Yo soy...

Éste es uno de los primeros ejercicios que mando hacer en casa y consiste en lo siguiente:

Escribe en una página de tu cuaderno las palabras "yo soy...".

Luego, debajo, una lista de por lo menos 15 cosas que se te ocurran. Escribe lo primero que se te viene a la mente, no le pongas crítica ni censura, no importa si se contradice, si se repite, escríbelo igual. Si no se te ocurre nada, no importa, sigue diciendo en voz alta "yo soy", "yo soy"..., hasta que se te ocurra algo.

La gente dice que yo soy...

En otro folio escribe la frase: "la gente dice que yo soy" y luego debajo, como en la lista anterior, vas poniendo lo que recuerdas de lo que la gente te dice que eres; da lo mismo si estás de acuerdo o no, escríbelo igual. Escribe un mínimo de unas 20 cosas. Tienes toda una semana para hacerlo.

En el primer ejercicio lo que trabajamos es lo siguiente:

De la lista que ha puesto qué cosas le gusta ser y qué cosas no y por qué; que me cuenten ejemplos de cómo son cuando son lo que han puesto y qué es lo que hace que les guste o no les guste ser lo que han escrito.

Por ejemplo, si la persona ha puesto como una característica la timidez, le pregunto:

"¿Te gusta ser tímida? ¿Cómo eres cuando te sientes tímida? ¿Cómo es tu timidez cuando no te gustas? ¿y cuándo te gusta?".

Y así sucesivamente hasta terminar la lista.

En el segundo ejercicio lo que revisamos es:

"¿Quién o quiénes dicen eso de ti?, ¿desde cuándo? ¿Cómo te sientes con eso que dicen?, ¿Te reconoces en ello?, ¿en qué? Si la persona no se lo cree, ¿por qué crees entonces que das esa imagen?".

Carta a una amiga

Escribe en tu cuaderno una carta a una amiga, pero es una amiga especial. Es una amiga que aún no conoces ni ella te conoce, pero sabes que vais a tener una gran amistad.

¿Qué le pondrías de ti? ¿Qué quisieras saber de ella? ¿Qué te apetecería contarle y qué no?

Dibujando mi estar

Con estas ceras dibuja en un folio cómo te sientes al empezar la terapia. Siéntete libre de dibujar lo que sientes. No intentes hacer un dibujo en concreto ni especial, tampoco tiene que ser un dibujo realista. Puedes dejar que tus manos y tus dedos hablen por ti. Déjate llevar escogiendo los colores que ves. Puedes escogerlos por su color, por su brillantez, porque te gustan de antemano o no te gustan.

Dibuja la enfermedad de tu padre...

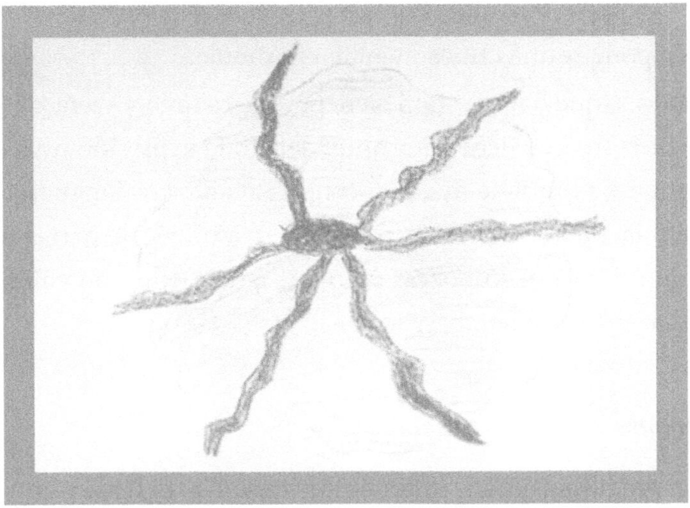

Son fuegos artificiales, es como una fiesta.
Si es que soy la única de la familia que parece que tiene lo mismo, y eso me hace sentirme más cerca de él, como si fuera su preferida.
(Idoia).

"La hipertensión de mi padre: la quiero representar con vida propia, activa; también me representa no pasar por la vida, vivir sin vivirla.
Lo he hecho en color granate porque es el color de la sangre, nace en un punto y lo abarca todo.
La hipertensión la asocio con algo muy poderoso, nadie puede con ello, cada vez abarca más.
Es la parte sádica, diría yo, es como si dijera: 'No puedes conmigo ya que sigo y continúo en otra generación', y ésa soy yo, la que lo hereda.
Para mí tiene poderes de destrucción, invencible.
Siendo hipertensa como mi padre tengo dos opciones: triunfar profesionalmente o ser hipertensa.
El dibujo lo sigo viendo como una fiesta con fuegos artificiales, algo que se hace notar, que llama la atención. ¡Qué fuerte! ¿Cómo me voy a curar si lo veo como una fiesta?".
(Idoia)

Haz una prueba antes en un papel para comprobar si da el color que estás buscando.

No pongas una crítica mental a tu dibujo.

Todo lo que hagas estará bien, porque es tuyo y viene de ti. Es lo primero que tienes que aprender. Toda expresión tuya es importante porque te ayuda a conocerte en otros lenguajes y me ayuda a poder comunicarme contigo a través de partes tuyas, que tal vez desconozcas pero que igualmente son válidas e importantes para ambas.

Mi nombre es más que eso...

Le pregunto si tiene más nombres además del que usa frecuentemente, y si también tiene algún otro nombre cariñoso o apodo, ya sea de cuando era pequeño, aunque, ya no lo use o uno más actual, por ejemplo, Flaca, Gordi, Bibi o Nacho.

Le pido que me diga cuántos tiene tanto de nombre como de apodo. Una vez que los tenemos todos le pido que en cada folio ponga uno de los nombres, pero que a cada uno le escoja un color, el color que asocie más con ese nombre o apodo. Que escriba su nombre de arriba hacia abajo, como en columna para un acróstico. Por ejemplo, una persona que se llama María Dolores escribió María Dolores en azul, Lola en rojo, Loli en amarillo, María en verde y Dolo en marrón.

Aquí vamos trabajando la asociación de cada nombre con ese color: por ejemplo, "¿con qué asocias el color azul?".

–Lo asocio con seriedad, sobriedad, tristeza, rigidez.

–Y cuando te llaman o te sientes María Dolores, ¿eres así?

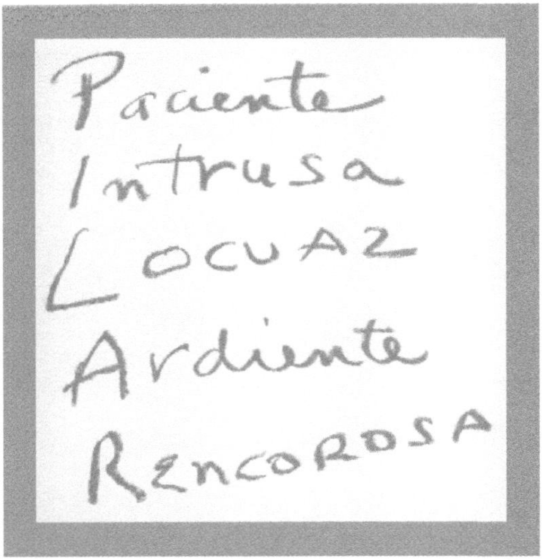

Pilar (cincuenta y dos años) trabajando su nombre.

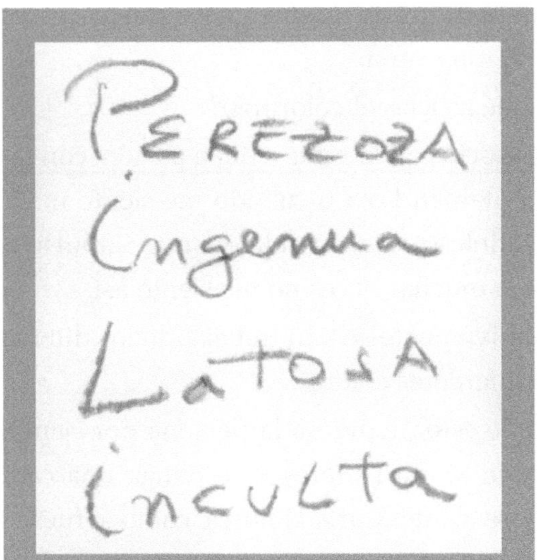

"Pili lo he escrito en morado porque el morado siempre lo asocio con la ambigüedad y así me siento como Pili" (Pilar).

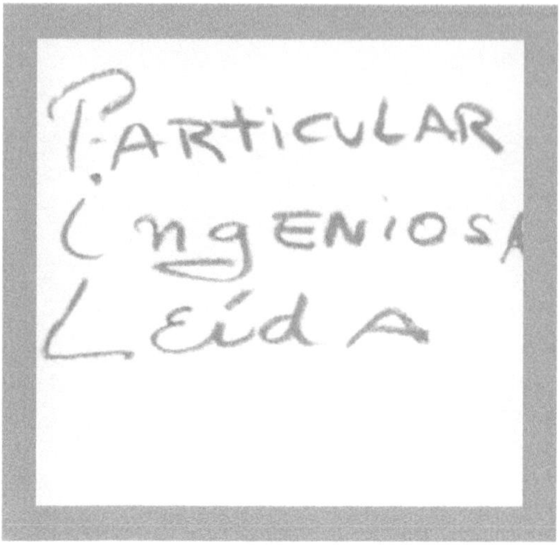

"Pil lo pongo en verde porque era el color favorito de mi padre y él me llamaba así" (Pilar).

–Sí, es un nombre que no me gusta, me hace sentir rígida, conservadora, muy seria.

–¿Y con qué asocias el color rojo?

–Pues lo asocio con la rabia, con la pasión, con la emoción, y cuando me llaman Lola o cuando me siento más Lola es a partir de mi adolescencia, cuando era más impulsiva, más pasional. Pero ya muchas veces no me siento así.

Y así sucesivamente se van trabajando los diferentes nombres con los diferentes colores.

Después de esto, le pido a la persona por ejemplo con su primer folio de María Dolores, que ponga una característica suya cuando se siente María Dolores, como si fuese un acróstico, es decir, una característica que empiece con M, otra con A, otra con R, pero que tengan que ver con su ser o sentirse María Dolores, y así todos los folios con los otros nombres o apodos.

Aunque parezca difícil creerlo, cada forma de llamarnos nos invita a poner más énfasis en determinadas características nuestras que en otras, y a veces en los trabajos que hemos hecho nos hemos encontrado con la sorpresa de que había apodos que ya ni se usaban, pero al recordarlos removían una sonrisa en la cara de la persona y recuerdos muy bonitos (otros dolorosos o de rabia) que ya estaban en su presente. Otras veces rescataban características que creían perdidas, como por ejemplo lo lúdico, juguetón, cariñoso, soñador, y que después de este ejercicio se dieron cuenta de que eran aún partes importantes de ellos mismos, y que por lo tanto no se podían ni olvidar ni enterrar.

Después de trabajar todo esto les pido que escojan qué nombres quieren aún conservar y cuáles escogen abandonar (si es que hay alguno que no se desea).

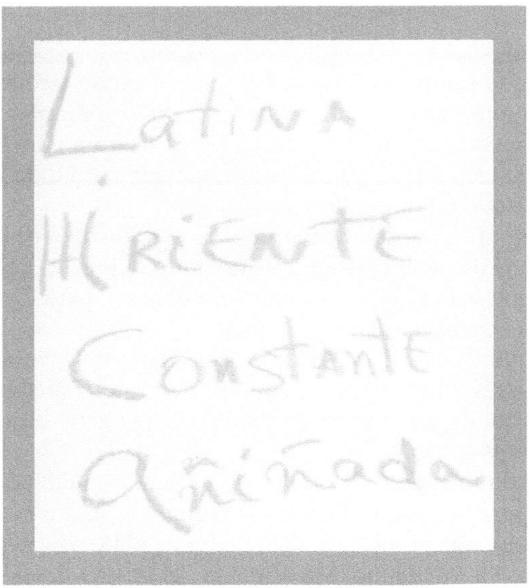

"Lica me decía mi hermana de pequeña y aún hoy me lo dice; es en turquesa porque lo asocio con esa parte mía de niña caprichosa" (Pilar).

Luis (cuarenta años) trabajando su nombre.

"Siento que he seguido la trayectoria de mi padre siendo un cobarde. Él siempre lo fue y de pequeño yo lo despreciaba por eso. Hoy me pides que escriba este punto, falta una hora para la sesión y recién hago este escrito ya me cuesta mucho, pero toda la semana lo he pensado y repensado.
Mi padre era un cobarde, pusilánime, pasivo, no sólo con mi madre y con la gente sino consigo mismo. Pero al mismo tiempo era cabrón, ya que se excusaba en esta manera de ser, para dejando de hacer y huyendo hacernos mucho daño.
Y así fue; huyó de casa, huyó de nosotros, dijo que se iba a trabajar lejos a Sudamérica pero nunca más lo vimos ni supimos de él. Años más tarde, cuando era mayor me enteré de que tenía otra familia, pero nunca nos escribió.
Pues me he dado cuenta de que estoy haciendo igual: no me voy a otro país pero huyo al trabajo, a las reuniones de directorio, tengo una amante que parece que está embarazada y sigo negándolo todo en casa y a mí mismo. Me doy asco, el mismo que le tengo a mi padre".

(Luis, cuarenta años)

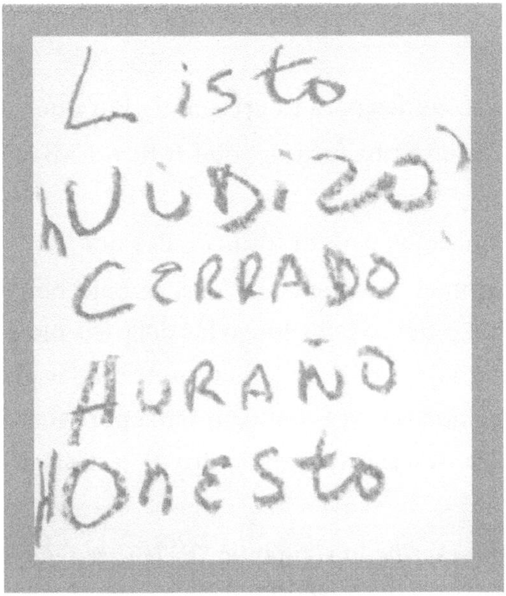

"El verde para mí representa lo que quiere ser y no puede, las limitaciones. Y Lucho es así, limitado" (Luis).

Los kilos y la experiencia

Imagínate que cada diez kilos tuyos son experiencias que has vivido de modo fuerte, que se han quedado grabadas ya sea positiva o negativamente en tu vida y que por ahora tienes que llevar contigo. ¿Cuáles serían éstas?

Las preguntas existenciales...

Si pudieras borrar algo de tu pasado, ¿qué borrarías? ¿Por qué?

Si pudieras conservar para siempre algo de tu pasado, ¿qué conservarías? ¿Por qué?

Si pudieras escoger tu presente, ¿qué presente escogerías? ¿Por qué?

¿Qué no escogerías para tu presente? ¿Por qué?

Si pudieras crear tu futuro, ¿qué futuro escogerías? ¿Por qué?

¿Qué no quisieras para tu futuro? ¿Por qué?

Estas preguntas "existenciales" las trabajo por etapas, es decir, primero las del pasado, luego las del presente y luego las del futuro, e igual las dejo de tareas, nunca todas juntas, para separar cada etapa por vez, tanto en tarea para fuera de la sesión como para trabajarla luego dentro de la sesión.

En tu cuaderno escribe lo siguiente: "Si te dicen que te quedan diez años de vida, ¿qué harías?"

Si te quedaran cinco años de vida, ¿qué harías?

¿Y si te quedara un año de vida?

¿Y un mes?

¿Y un día?

Una vez que traiga la tarea de casa nos ponemos a revisar qué cosas son posibles de hacer sin necesidad de que tengamos un aviso de muerte de por medio. ¿Por qué necesitamos saber que nos vamos a morir para hacer posibles ciertos deseos?, ¿poder hablar sobre ciertas cosas?, ¿poder hacer cambios importantes y nutricios en nuestras vidas?

Empezaremos a trabajar cuál de todos es cercanamente posible para poder empezar a lograrlo.

Si por el contrario la persona se angustia, se paraliza y no hace nada, habría que revisar sus recursos, sus mecanismos de reacción, su frustrarse y autocompadecerse, sufriendo ella sola su propia muerte interna.

¿Qué relaciones del pasado sientes que han influido en ti y de qué modo?

Haz un dibujo que de algún modo represente mediante símbolos a las personas que sientes que más han influido en tu vida; no utilices dibujos de personas humanas, sino trata de escoger un símbolo para cada una de ellas.

Una vez terminado el dibujo, trabajaremos tanto los colores utilizados para cada símbolo como el propio símbolo escogido, tratando de darle a cada uno su propio y personal significado dentro de la historia personal. Convendría sugerir que el terapeuta también sea incluido dentro de este dibujo si la persona lo considera conveniente.

Algunos ejercicios para las fechas especiales

Para los cumpleaños:

- "Escribe lo que quisieras para tu próximo año de vida. Lo que en verdad quisieras que sucediese".

Este escrito lo guardo y el próximo cumpleaños lo saco para releerlo y ver qué se cumplió.

Este ejercicio sirve para darnos cuenta de si lo que la persona dice que quiere en verdad lo tiene en su consciencia, o si justo cuando hace esta tarea se le olvida ponerlo. Por ejemplo, hay personas cuyo motivo de consulta es el estar deprimido, pero la lista que traen es de cosas cómo ser más feliz, adelgazar, que no haya guerras, etc. Pero para nada escribe "salir de esta depresión, estar menos cansado, estar más motivado. Esto nos indicaría que muchas veces la persona tiene interés en superar lo que la aqueja, pero que tal vez en su inconsciente, aún no lo tiene claro y hay también al mismo tiempo miedos que le impiden lograr su deseo primero. Entonces habrá que trabajar los miedos antes que los deseos insatisfechos, ya que muchas veces estos deseos insatisfechos tienen como función el ser calmantes de angustias más internas, del miedo a que si me hago cargo de mi deseo y no lo logro, la sensación de frustración sería tan grande que no podría soportarlo.

- "Cierra tus ojos y empieza a respirar profundamente; poco a poco te irás sintiendo relajado; cuando sientas que ya lo estás hazme una señal.

Intenta poco a poco ir al pasado, a algunos años antes, y trata de ver, de visualizar un cumpleaños tuyo. Intenta que sea un cumpleaños de cuando eras niño. Dime lo que vas viendo, a quiénes puedes reconocer, en qué habitación estás, en qué lugar te encuentras.

Trata de ver un poco más claro. Dime dónde te encuentras tú en esta visión, trata de decirme cómo te ves, cómo estás vestido, cómo está tu cara, si te sonríes o estás triste o enojado. Intenta rescatar tus emociones del momento.

¿Echas a alguien de menos? ¿Sabes dónde está? ¿Puedes ver tus regalos?

¿Cuál es el que más te gusta? ¿Quién te lo ha regalado? ¿Puedes ver tu tarta? ¿cómo es? ¿La hizo alguien o te la compraron? Ahora tienes que apagar las velas, pides un deseo ¿cuál es?

Poco a poco todos se van yendo, y tú estás cansado y ya quieres quedarte solo.

¿Cómo te sientes ante esto? ¿Te alivia? ¿Te apena?

Cuando te sientas preparado vamos a ir creciendo hasta tu edad actual, cuando te sientas nuevamente aquí, puedes abrir ya los ojos.

- "¿Qué emociones asocias con tus cumpleaños? ¿con los cumpleaños de los otros? ¿Qué significa para ti el cumplir años? ¿Quieres cambiar en algo la manera de recibir o pasar tu cumpleaños, en relación con lo de otros años?".
- "Si creyeras en el hada madrina, ¿qué tres deseos le pedirías?".
- "¿Qué mensajes recibías en tu niñez acerca de los cumpleaños?".

  ¿Acerca de tu cumpleaños?".
- "Háblame de tu peor cumpleaños. ¿Cuándo fue? ¿Por qué fue el peor?".

Acerca de las Navidades (explorando el mundo mágico de la niñez y los primeros desencantos)

- "Trata de cerrar los ojos por un momento y de imaginarte que tienes quince años, luego tienes diez años, ocho y es tu noche de Reyes. Escoge cualquier noche de Reyes que recuerdes entre tus doce, tus ocho o tus cinco años. Dime qué es lo que estás haciendo, con quién estás, qué es lo que sientes, cómo te ves ahí. Tus padres te dicen que te vayas a dormir, se hace silencio en la casa y tú te duermes poco a poco. Al día siguiente te levantas muy pronto y vas a ver los regalos, ¿qué es lo que encuentras? ¿cómo te sientes?, ¿te sientes bien?, ¿te sientes desilusionado?, ¿por qué?

¿Quiénes están contigo mientras abres los regalos?

Ahora despidámonos de ese niño y crezcamos hasta los quince años. Es otra noche de Reyes ¿cómo te sientes ahora que eres mayor? ¿Recibes algún regalo? ¿Son regalos sorpresa o ya sabes lo que son todos? ¿Qué sientes al acostarte esa noche? ¿Le regalas tú también cosas a alguien de tu familia, de tus amigos? Sigamos creciendo y lleguemos a tu edad actual".

- "¿Qué es para ti hoy la noche de Reyes? ¿Por qué?".
- "¿Cómo te enteraste de que los Reyes Magos no traían los regalos y de que Papá Noel no existía? ¿Quién te lo dijo? ¿Qué edad tenías? ¿Qué sentiste? ¿Qué hiciste cuando lo supiste?".
- "¿Cómo festejas hoy las Navidades? ¿Qué significan para ti? ¿Qué emociones te movilizan?".
- "¿Cuál ha sido para ti tu peor Navidad? ¿Por qué?".
- "¿Cuál ha sido tu mejor Navidad? ¿Por qué?".
- "¿Qué costumbres había en tu casa por esas fiestas? ¿Las sigues conservando hasta ahora? ¿En qué han cambiado?".
- "Escribe una carta a los Reyes Magos o a Papá Noel, pidiéndole lo que quisieras para el próximo año. Me la tienes que entregar antes de Navidad; y yo se la haré llegar a quien corresponda. Una vez que lleguen las próximas Navidades, revisaremos qué deseos se te han cumplido".

Este es un ejercicio muy bonito para mí, que lo vengo haciendo desde hace muchos años. Es increíble todo lo que moviliza. Por supuesto que el primer comentario es: "Ha-

> Querido Papá Noel:
>
> Aunque siempre he estado dolida con Ud., esta vez me decido a escribirle unas líneas. Claro, Ud. no sabe por qué estoy dolida: es porque siempre le pedía que mis papás no se peleasen en Navidad, pero nunca me trajo ese regalo, las peleas siempre existieron, cada vez peor.
>
> Hoy que soy mayor, creo entender que por más que lo pidiese nunca dependería de Ud. sino de ellos, pero cuando era niña, me ilusionaba cada Nochebuena pensando que esta vez sí había hecho mi letra más clara para que la entendiera.
>
> Hoy, ¿qué quiero pedirle?
> Sentirme un poco mejor, más fuerte, menos llorosa, saber pelear por mis cosas, no asustarme ante las discusiones, saber poner los límites y defenderlos y luego no sentirme culpable por hacer todo eso.
>
> Sé que otra vez estoy pidiendo algo que no le pertenece a Ud. pero sé , no sé por qué , que esta vez tengo todo un año para conseguirlo con la ayuda de Ud.
>
> Muchas gracias
>
> Carolina

ce tiempo que no hago una" o "yo nunca hice una" o "pero si ya soy mayor y no creo en Papá Noel", pero digan lo que digan todos se disponen a hacerla. Unos me la traen en las típicas cartas a los Reyes que se compran en las papelerías; otros, en cualquier papel; otros en un papel bonito, etc., y todos, todos antes de que sea Navidad. Aunque yo me haya ido de viaje ya a Lima, van a UmayQuipa y le entregan a Encarni la carta cerrada antes del 25.

Para mí como terapeuta esta carta es importante porque de algún modo me guía sobre los deseos de ellos. Hay personas que desean mucho algo, pero se olvidan de ponerlo en la lista. Otros están muy mal, con crisis personales muy serias, problemas familiares o depresiones, pero la carta es una larga lista abstracta de "paz en el mundo", "que no haya Pobreza", "que no haya contaminación", etc. y nada de lo que se supone es solucionar sus problemas más inmediatos y urgentes. Yo las leo a solas pero no les comento nada, para ver qué sucede en el transcurso del año, cómo van trabajando sus cosas, si ellos se dan cuenta de que se han olvidado de pedir lo principal.

Tenía una paciente que veía como uno de sus deseos mayores el tener una pareja; tenía veintiseis años y nunca había tenido novio, es decir, una relación estable, y quería enamorarse y que funcionara. Pues cada año, durante tres años, siempre se olvidaba de pedir el poder cumplir ese deseo. Hasta que el cuarto año lo puso, y ese año pudo empezar una relación estable que dura en el tiempo y es feliz. ¿Qué hizo esto? Según mi teoría, además de la magia de la carta, es que mientras el psiquismo no tenga el deseo claro, le es muy difícil encontrar el camino para satisfacerlo. Otra chica que quería trabajar fuera de España, "conocer mundo" unos años, tampoco ponía ese deseo, pero luego en la revisión que hacíamos a fin de año me decía: "Creo que sé por qué no lo he puesto. Es que si se cumple, no me creo aún preparada para ello".

Como ves, hay muchos modos de trabajar esta carta. Tengo muchas de ellas, tiernas, otras de recuerdos de la infancia, otras confiadas en que la magia es posible si uno lo desea y pone los medios, y hay otros escépticos que me la escriben y me la dan (no se atreven a no escribirla porque en el fondo siempre está el niño que aún cree en lo mágico y lo posible) llena de comentarios de burla y desconfianza, pero la entregan.

Queridos Reyes Magos:

Para este año que entra me gustaría pedir lo siguiente:
Que pueda acallar "mis demonios" y liberar mi rabia.
Que aprenda a poner límites sin sentirme mal.
Que pueda relacionarme desde mí.
Que aprenda a contactar más con mis necesidades y mis carencias para poder satisfacerlas.
Que aprenda a decir no sin culpa.
Que aprenda a separarme de los que me hacen daño.
Que sepa reconocerme segura y valiosa, y creer lo que los demás digan de mí.

Muchas gracias por todo.

Claudia (veintiseis años)

A sus Majestades:

Este año tengo prisa por escribiros la carta, tal vez sea por "impaciencia" de pensar que cuanto antes la escriba antes se realizarán mis deseos para este año Nuevo que va a comenzar...

Este año me gustaría recordarlo como un buen año, y como todos los años desde que recuperé la ilusión de escribiros, pediros por mi familia. Hay días en que me da mucho miedo que algo les pueda pasar. Ellos y mi novio son el centro de mi vida y me asusta que les ocurra algo. Que todo siga como hasta ahora y si puede ser un poquito mejor...
...tal vez tendría que terminar ya esta carta, pero me falta pediros una pequeña cosa: me gustaría casarme este año. Así escrito parece fácil, se dice con cuatro palabras y ya está, pero me parece algo tan complicado que os lo pido con toda la ilusión para ver si con vuestra ayuda lo podemos lograr.

...Y con la ilusión de los cinco años, cuando me acostaban mis padres y me decían que si no me dormía pronto los Reyes Magos no vendrían, y con la esperanza de haber sido buena este año para que me traigan todo lo que os he pedido.

María... (veintiseis años)

P.D.: a ver si este año podeís hacer algo para que se acaben las guerras, el hambre y todo aquello que hace que la vida sea todavía más dolorosa.

Trabajando el cuerpo

- "Haz un dibujo de tu cuerpo, no de cómo es, sino de cómo sientes que eres".
- "Utiliza en las partes que menos quieres de ti los colores que para ti sean más feos, en las partes que te son indiferentes colores que te sean neutros, y las partes que sientes que más te gustan de tu cuerpo píntalas de colores para ti bonitos".
- "¿Quién te ha dicho que esas partes de tu cuerpo son feas? ¿De qué modo las maltratas?, ¿las castigas?, ¿las ignoras? ¿Qué parte tuya crees que representan? Si esas partes fueran las de una casa, ¿Qué parte de la casa serían?".
- "¿Por qué te son indiferentes? ¿Qué pretendías que fuesen y no han sido?".

¿Cómo las ignoras? ¿Cómo no las ves? ¿Las cuidas en algo? ¿cómo?

¿Qué esperas de ellas? ¿Qué utilidad les das? ¿Si fuesen una parte de una casa que parte serían? ¿Por qué?".

- "¿Qué te han dado tus partes bonitas para que las aceptes? ¿Qué parte tuya crees que representa? ¿Cómo las cuidas? ¿Quién te decía que eran bonitas? ¿Cómo las utilizas? ¿Si fuesen una parte de una casa, ¿qué parte serían? ¿por qué?".
- "Con esta arcilla haz algo que represente tu piel. Déjate llevar por la sensación, por lo que te dice la arcilla, el barro, y lo que sepas de tu piel. Recuerda cuando eras niña y te ayudaban a bañarte y te enjabonaban, cuando te echaban crema, cuando te acariciaban. ¿Sabías que la piel es un órgano de comunicación? ¿Qué crees que dices a

través de ella? ¿Qué sientes a través de tus poros? ¿Qué recibes? ¿Qué das?".

- "¿Cómo te tocaban cuando eras niña? ¿Te acariciaban? ¿Te pegaban?".
- Has sufrido enfermedades de la piel. ¿Sabes lo que significaban? ¿Qué es lo que necesitabas?" (si no se ha revisado ese tema se puede hacer un diálogo entre su piel y ella usando la silla vacía).
- "¿Cómo usas tu piel ahora? ¿Cómo la cuidas? ¿Qué expresas a través de ella?".
- "¿Cómo recibes las caricias? ¿Cómo las das? Cuando eras niña, ¿quién en tu casa era más 'tocón'?".

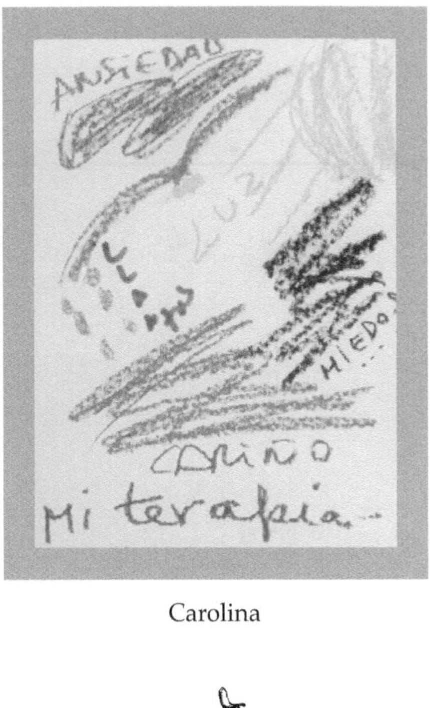

Carolina

–Mi cuerpo lo siento así, como una albóndiga inmensa, aunque sé que tengo un gran corazón, porque la gente me lo dice, pero no me sirve. No sé cómo cambiar mi concepto de mi cuerpo
–¿Y qué concepto quisieras tener?
–Pues es como si me desbordara por todos lados, y me gustaría no sentirme tan bolita. Un concepto de proporción, de sentirme atractiva.

–¿Por qué crees que no eres atractiva?
–Porque cuando entro a un sitio nadie me ve, porque no atraigo como atraen mis amigas. Lo que produzco es cariño o indiferencia, nunca he tenido suerte con los chicos.

–¿Te has dado cuenta de que haces unos brazos muy abiertos?
"Pues no, no me había dado cuenta. En verdad, aunque parezca una albóndiga, el aspecto de mi dibujo es bastante simpático.

–¿Y no piensas que el ser simpática es ya un atractivo?

–Pues sí, no lo había pensado.
(Carolina, veintidos años)

Carolina

Trabajando a mamá y papá...

Aquí doy una serie de sugerencias para trabajar en el cuaderno de terapia y luego en las sesiones:

- "Escribe lo a tu madre le hubiese gustado que fueras".
- "Escribe lo que a tu padre le hubiese gustado que fueras".
- "Lo que a mí me hubiese gustado ser...".
- "¿En qué o cómo has sentido que has querido seguir la trayectoria de tu madre?".
- "¿En qué crees que te pareces a tu padre?".
- "Hazme un dibujo de lo que tú asocies con tus padres, pero como pareja; no tiene que ser un dibujo realista, puedes hacerlo con elementos simbólicos, con rayas, diferentes colores, como tú quieras".

Acerca de la terapia

Que el paciente, por ejemplo, trabaje en alguna sesión alguno de estos temas con estos encabezamientos en cada página...

- "Lo que más me alegra contarte...".
- "Lo que menos me gusta de la terapia...".
- "Lo que más necesito de la terapia...".
- "Lo que me horroriza descubrir...".
- "¿Cómo has cambiado desde que llegué?".
- "¿Qué cambios sientes que aún están pendientes?".
- "¿Qué sientes desde de cada sesión? Empieza cada frase con: 'lo que yo siento es...'".
- "¿Y antes?".

Patricia

Mis necesidades en la terapia:

Para mí esta semana ha sido muy importante el poder hablar contigo, poder llamar a UmayQuipae cuando a mi madre la ingresaron y pedirte que me explicaras qué era esa enfermedad. Además, sé que si estás ocupada Encarni siempre está ahí, con su palabra dulce y cariñosa, y eso me alivia mucho cuando he llamado en otras ocasiones.

También para mí son importantes los momentos en que tomamos el té. Es un momento de cariño, donde me siento bien recibida; además, siempre es una sorpresa: no sé qué, aroma será, qué olorcito, qué fruta habrás puesto.

El hablar y trabajar las cosas, como esta tarea, que en sí me gusta, pero otras sí que me remueven y hasta me ponen de pésimo humor.

Tu sonrisa siempre me ha tranquilizado. Siempre en los peores momentos pienso "al menos ella confía en que todo marchará bien".

(Patricia, cincuenta y dos años)

Ahora también se podrán trabajar los siguientes puntos:

- "¿Qué significa el tener que despedirte y acabar la terapia?".
- "¿Qué son para ti estas tareas en el cuaderno?".
- "Dibuja con las pinturas tu proceso de terapia, pon lo que quieras, trata de sentir todo este tiempo desde que viniste por primera vez hasta hoy".
- "No me cuentes tu sueño, dibújamelo y te diré lo que siento al ver tu dibujo".
- "Después de todo este tiempo de terapia, escribe por favor nuevamente el ejercicio 'Yo soy... Yo no soy'... con lo que te vaya saliendo, sin ver el anterior. Luego veremos las semejanzas y diferencias".

"La Pirem de antes ('Cuando llegué'): cerrada, cabezota, oscura; los colores claros son las cosas buenas pero lo oscuro lo oprime; los bordes oscuros me diferencian del exterior".

"La Pirem de ahora: más cálida, más sincera, más abierta, aunque tiene su lado oscuro, pero al no esconderse no es tan malo. Me siento más llena".

Viviana

–Mi rabia es como la he dibujado. La siento roja, porque es como si viese sangre. Todo me ciega, no veo nada, y por esto tal vez pego a mi hijo.
Lo negro son las sombras de las cuales salgo una vez que recobro la lucidez.
Pero las siento como si fueran cuchillos, sombras que me amenazan y que se mezclan con mi rabia. Dentro de esto negro no sé qué es peor, si esta rabia que estalla, también llena de puntas, o lo negro que además de sombras es algo maligno para mí.
–¿Y qué es esta línea rosa Viviana, la que rodea lo negro y lo rojo?
–Es mi necesidad de contener todo esto dentro de mí sin que se note, como una burbuja, donde a veces pienso que es posible que la tape.
–¿Y te has fijado que las puntas negras logran salir de esta burbuja, la perforan, la atraviesan, la cubren?
–No, no me había fijado, pero es cierto. Creo que la palabra sería que la atraviesan y la agujerean. Y es ahí cuando siento el daño y quiero dañar...

(Viviana, treinta y cinco años)

Algunos ejercicios de imaginación

"Lo primero de todo es ponerte cómodo, que nada de tu cuerpo esté incómodo o se sienta mal. Una vez que estés listo me avisas.

Cierra tus ojos y vamos a empezar".

- La foto

  "Recorre tu casa, tu casa actual, y busca si tienes algunas fotos enmarcadas; si no es así, busca en los albumes o en donde las guardes. Empieza a revisarlas, trata de escoger aquéllas que menos te gusten, ten unas cuantas en tu mano. Una vez que estés listo me avisas. Ahora escoge una y trata de meterte en ella, ¿qué es lo que sientes? Intenta ser cada uno de los personajes que están en la foto, primero uno y fíjate en lo que sientes, luego en otro y así. Espero que no hayas escogido la foto de fin de curso, si no me avisas...

Trata de rescatar tus emociones siendo los personajes de la foto y si puedes haz un diálogo entre ellos (dar más o menos unos quince minutos).

Cuando hayas terminado me avisas, si no yo te avisaré unos minutos antes a fin de que te vayas preparando para dejar la foto y regreses aquí".

- "Te vas a imaginar que tienes poco a poco menos años; vete disminuyendo de cinco en cinco hasta quedar en unos siete años. Ahora vamos a recorrer la cocina de tu casa cuando eras niño. ¿Cómo la ves? ¿Hay alguien ahí? Anda diciéndome lo que te vas encontrando y lo que vas sintiendo al recorrer ese sitio. ¿Pasabas mucho tiempo ahí? ¿Qué olores percibes? ¿Tienes predilección por algo que ves ahí? ¿Qué te llama la atención? ¿Puedes decírmelo? Dicen que la cocina es el calor de la casa, ¿la percibes así? ¿Era una parte importante de tu familia o al contrario? Cuando estés listo vete subiendo de edad hasta la actual y cuando abras los ojos intenta dibujarme lo que has visto".

- "Cuéntame un sueño, el que quieras, alguno que para ti resulte extraño o por algo te llame la atención. Pero en lugar de contármelo como lo recuerdas, intenta contármelo al contrario; para esto cierra los ojos e intenta conectar con este sueño. ¿Cómo sería contarlo al contrario? ¿Quieres empezar ya?".

- "Vamos a ponerle color a tu vida. Cierra tus ojos e imagínate la línea de tu vida. Desde lo más atrás que recuerdes hasta ahora. Imagínatela de diferentes colores y diferentes formas, que puedan representar diferentes etapas de tu vida, diferentes estados. Intenta no hacer etapas grandes, sino más bien cortas, como para poderla definir mejor. Una vez que la tengas por favor abre los ojos y con las pinturas que tienes delante trata de dibujarla".

- "De las cosas que llevas puestas o en tu bolso, las que has traído hoy a sesión (si es que viene con bolsas, mochila, etc.), ¿cuál es la que más quieres?, ¿por qué?

  Intenta ahora convertirte en aquello y descríbelo primero en voz alta, por favor.

  Ahora intenta hacer un diálogo entre el objeto y tú. ¿Sabes por qué... te lleva siempre consigo? ¿Cómo te sientes con ello? ¿Quisieras decirle algo a...?".

- "Intenta imaginarte una cadena, una cadena grande donde puedas ver los eslabones, ¿es una cadena larga o corta? ¿Cuántos eslabones puedes ver? ¿Podrías mencionar cada eslabón como una atadura o impedimento en tu vida? ¿Cuáles serían?".

- "Vamos a imaginarnos que te cambias el nombre. ¿Qué nombre escogerías? ¿Por qué? Imagínate ahora siendo tú con ese nombre. ¿Cómo eres? ¿Te gustas así? ¿Qué hace que actualmente aunque te llames diferente no puedas ser eso que te has imaginado?".

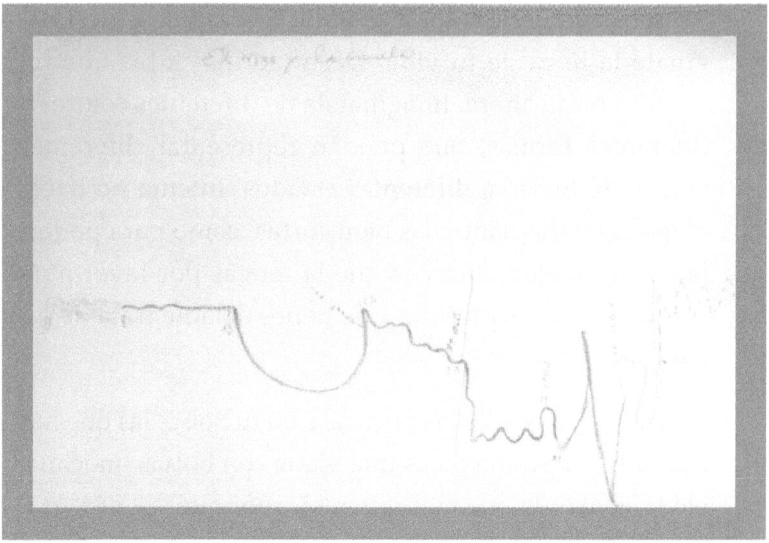

"Mi línea de la vida está hecha de altibajos pequeños, de colores puros; el final indica mi reaccionar, mi empezar a darme cuenta" (Pirem).

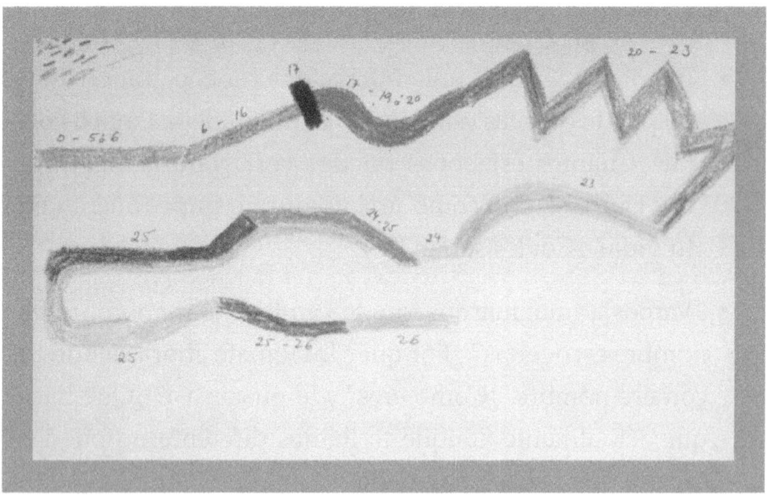

Línea de la vida (Idoia).

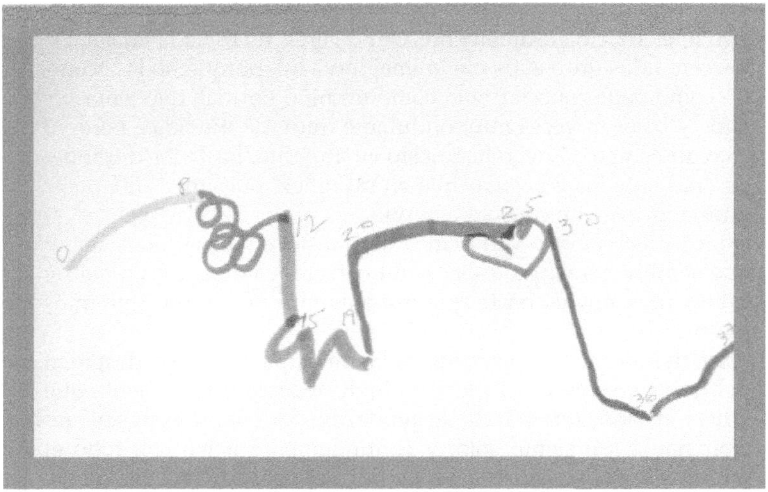

Jimena (treinta y siete años).

César (cuarenta años)

"Mi línea de vida últimamente, como verás, no es nada buena. De los cero a los doce años me la imagino azul, porque no la recuerdo como nada especial, sino como un niño normal, que tenía sus altos y bajos, a veces muy ondulante, muy de movidas, pero yo creo que en paz. Luego he puesto en amarillo, hasta los diecinueve, más subidas y bajadas que en mi niñez, pues me sentía inseguro, indeciso, un constante nervio.
De los diecinueve a veinticinco he puesto un árbol, pues siento que sembré cosas, pude hacer mi carrera, cambié a vivir solo y tuve varias novias hasta que me enamoré de Teresa y vivimos juntos.
A los treinta años empieza mi caída, mi etapa negra. Me despiden del trabajo, estoy en el paro, no logro recuperarme y siento que voy en picado. Teresa trata de ayudarme pero ni me es posible recibir nada. Me siento solo, y contínuamente peleo con todo el mundo. Teresa se aburre y se va; por eso ya estoy en línea plana, negra, hasta que a los treinta y cinco años empieza mi período marrón, aunque sigo bajando y cayendo en línea quebrada, ya que voy de depresiones, ansiedad, alcohol y sentirme mal, y siento ganas de cambiarlo todo. Hoy son mis cuarenta años y he decidido pedir ayuda, hacer terapia y tratar de solucionar esos períodos tan bajos que a veces tengo y con los que me autodestruyo.

(César, cuarenta años)

El color azul lo asocio con indiferencia, con tranquilidad, con el cielo sin significado.

El color amarillo lo asocio con la mala suerte, con la traición (ahora recuerdo que en esa época en que he puesto el color amarillo, de los doce a los diecinueve años, mi amigo, mi mejor amigo me traicionó).

El color verde para mí es salud, esperanza, campo. También cuando aún tienen que madurar las cosas.

El color negro es la ausencia de todo, la oscuridad, el pasar, la penumbra, la falta de luz.

El color marrón es la tierra y al mismo tiempo el color de la caca; así creo que es como me siento, una mierda, pero al menos lo prefiero que estar en lo negro".

(César trabajando los colores de su línea de la vida).

16

COSAS SUELTAS...

Ya para ir terminando quería simplemente decirte algunas cosas que se me han ocurrido a última hora, que creo que te pueden servir y son importantes:

- Siempre que se empieza a ser psicoterapeuta, es importante que se tengan las necesidades básicas cubiertas. ¿Qué quiero decir? Que no necesites de lo que ganas de tus primeros pacientes para comer, pagar la vivienda o tu comida, por ejemplo. Esto haría que no trabajases bien, ya que dependería de que ellos no abandonaran la terapia, que tú pudieras subsistir en lo básico. Por eso se recomienda que se tenga al principio otro trabajo que nos dé esa seguridad económica que nos permita pagar la satisfacción de estas necesidades, o, si es que se vive en casa de los padres, permite tener toda esta área cubierta. Si no, habría una necesidad de parte del terapeuta por su paciente, basada en la urgencia de pagar deudas (consulta, luz, vivienda, etc.), que no se la podemos colocar al paciente y que se transmite en nuestro hacer con él.

- Al mismo tiempo, las necesidades afectivas también deben ser satisfactorias, es decir, tener amigos y buena relación con ellos, y si se tiene pareja, sentirse contento con esta relación. ¿Qué quiere decir esto? Que si no es así, se puede correr el peligro de que los pacientes se usen inconscientemente para satisfacer estas carencias, se cambian los roles y es el profesional el que necesita que lo quieran, ser querido, porque en su vida personal no tiene amigos, o es solitario, o tiene mala relación con las personas cercanas a él.
- Es importante siempre una terapia personal; es un modo de garantizar varias cosas: que nosotros conocemos lo que es un proceso terapéutico desde la propia vivencia personal y no sólo desde los libros y las clases. Al mismo tiempo, nos permite revisarnos, "sanearnos" lo máximo posible para no contaminar al paciente con problemas nuestros, con parte de nuestro mundo interno que puede salir de modo inconsciente.
- Al mismo tiempo, no dudes en volver a hacer revisiones psicoterapéuticas tuyas cada vez que sientas que lo necesitas, o por momentos de crisis de tu vida, cuando se necesita el apoyo externo de un profesional, que nos ayude a pasar ese bache, pero al mismo tiempo nos descarguemos para poder seguir con nuestro trabajo profesional. Si no lo hacemos, entonces lo que puede ocurrir es que no podamos sostener lo que traen los pacientes, sus crisis, o lo hagamos mal.
- Siempre son importantes las supervisiones. Sobre todo cuando uno se inicia en la profesión, y durante varios años, diría yo. Es el único modo de garantizar al pacien-

te que lo estamos haciendo bien. El profesional que te supervisa podrá ver las cosas que por tu inexperiencia o por tus angustias te sean difíciles de ver o de controlar, y al mismo tiempo te podrá señalar cuándo confundes cosas tuyas personales con las de los pacientes.

- Del mismo modo, nunca dudes en volver a supervisión, aunque seas un "experto", cuando sientas el caso muy difícil, cuando necesites aclarar dudas, cuando sientes que necesitas compartir el trabajo de pacientes que a veces son muy difíciles.
- Nunca termines de formarte; la psicoterapia no es como otras carreras en las que uno termina la universidad y ya se acabó todo. El ser humano, el mundo, nuestra sociedad día a día se mueve, cambia, hay nuevos descubrimientos, medicamentos, trastornos y mejoras, por lo que nos obliga a leer, a asistir a seminarios y congresos, que nos reactualicen en nuestro trabajo
- A veces no es malo dejar a los pacientes solos. Es decir, no sientas culpa si no has logrado en la sesión todo lo que trajo tu paciente; ya saldrá nuevamente, el inconsciente lo volverá a soñar igual o de otro modo, pero volverá a salir. Lo importante es que lo trabajado, aunque sea una parte, esté bien hecho, lo deje reflexionando y con tiempo para elaborar.
- Si a veces no has logrado calmar su angustia completamente y la sesión termina, no te preocupes. Esto es necesario; esta pequeña frustración, este no "cerrar algo" permite que el psiquismo, que se siente movido, pueda re-estructurarse y encontrar sus propias salidas.

- Recuerda siempre que toda una sesión no alcanza para trabajarlo todo, y que el proceso terapéutico es eso, un proceso y no sólo una sesión, por esto es importante que no pierdas la referencia de que trabajas dentro de un proceso y de que cada sesión es una puntada en el tejido de ese proceso.
- Siempre cuida a tus pacientes, lo que no significa que los sobreprotejas. Cuidarlos significa que veas por ellos, por sus partes sanas y por las que sufren. No te identifiques con su patología (con sus prisas, exigencias, críticas, agresiones, impotencias, desánimo, desesperanza). Puede ser que ante su angustia de sentirse mejor, tú te contagies y también corras en el tiempo, intentes controlar lo imposible, o te sientas herido si es que ataca tu capacidad profesional, o te sientas desanimado "porque no avanza". Todo esto son sus partes y, aunque lo hacen sufrir, está acostumbrado a funcionar desde allí; pero tú eres el profesional, eres el que debe mantenerse dentro de su papel; cuidarlo de estas cosas y no ser más bien cómplice de ellas. A largo plazo, te lo agradecerá.
- No olvides tu vida personal, tus ratos de ocio, de descanso, de fiestas. Es importante para conservarte sano y desempeñar mejor tu profesión.
- Intenta no poner pacientes muy difíciles todos juntos el mismo día o uno detrás de otro, ya que terminarás agotado y no tendrás tiempo para reabastecerte psíquicamente antes de que llegue el próximo paciente.
- Recuerda la importancia de los rituales que te ayuden entre sesiones, hacer el pase entre un paciente y el otro,

la desconexión de un proceso con el otro y un renovar energía a fin de estar listo para la siguiente persona, como si fuese la primera del día.

- No rivalices con otros profesionales que atienden a tus pacientes: con el psiquiatra, con los médicos, profesores, logopedas, etc. Todos son tan importantes como tú en su mundo interior y exterior, para poder salir adelante. Ninguno tiene un rol de mayor importancia, sino que cada uno es necesario justamente en su área. Intenta siempre establecer comunicaciones de respeto, de reconocimiento a sus valías y de diálogo abierto.
- Y por último, quiere siempre a tus pacientes, quiérelos mucho, y no sólo a ellos, sino también a todo su mundo; porque les pertenece, porque ellos pertenecen a ese mundo, aunque les haga sufrir, aunque a veces no sea el adecuado, es su entorno y tenemos que tratar de que se relacionen entre ellos modificando tal vez algunas cosas, pero nunca teniendo la fantasía de cambiarlo.

17

PARA TERMINAR

El hecho de plantearse empezar a formarse para ser psicoterapeuta muchas veces se basa en diferentes emociones: una, la primera tal vez, es el hecho de ayudar a otros, a veces, como un agradecimiento que parte de muy adentro, hacia lo que nos ayudó en momentos difíciles de nuestra vida. Otras veces, parte del otro deseo, del deseo de ayudar como nos hubiese gustado encontrar esa ayuda que no tuvimos y echamos de menos tanto.

También existe la posibilidad de que en nuestro trabajo de ayuda esté el deseo de reparar ese niño herido que tenemos dentro.

Y además existen otros miles de deseos más profundos que poco a poco iremos encontrando cada uno y que pertenecen a la historia de cada cual.

Pero al mismo tiempo, existen los miedos, de los que hemos hablado y de los que nos ha faltado hablar: miedo a fallar, a no poder hacerlo bien, a perder cierta libertad personal, a comprometerse, a tener que acarrear con cargas emocionales bastante fuertes muchas veces, a la frustración por exponernos día a día a la mirada del otro, que sufre pero que también nos mira... y tantos otros más. Todos son válidos porque todos existen, a veces por separado, otras todos juntos y todos son normales. Como decíamos hoy en un taller con Leopoldo Caravedo, los pacientes perdonan los errores de sus terapeutas; lo que no perdonan es la mentira, la falta de honestidad, el hacer cosas cuando no creemos en ellas.

Es importante que, si decides al final de tus estudios continuar con la idea de ser psicoterapeuta, logres entender que lo más importante de todo es que creas en lo que estás haciendo. Esto no significa que te equivoques, que te replantees diversos métodos de trabajo, que reflexiones, que sientas a veces que no puedes; pero siempre con la seguridad de que la Psicoterapia ayuda.

A veces puede ser que no veas muy claro cómo; otras lo tendrás tan definido que podrás transmitir esta convicción de manera clara. Pero sobre todo, además de la palabra, es importante que lo digas desde el corazón; que creas no sólo en lo que haces, en cómo lo haces, en tu propio proceso, sino que creas en tus pacientes, en su capacidad de avanzar, de aprender, de querer salir del atolladero, de dejar de sufrir. A veces no todos tienen los recursos tan claros ni tan bien constituidos como para entenderte a la primera. Otras veces, sus recursos van a estar confundidos con sus obstáculos, impidiéndoles utilizarlos de modo adecuado.

Otras veces el bloqueo o las carencias son tan grandes que, por más que quiera, tendrás que poner mucho más tú al principio, porque él no podrá hacerlo.

Por eso es importante que en la terapia puedas comprometerte con tu paciente, con todo lo que te trae de su mundo, es decir, no sólo con lo que te cuenta, sino también con lo que te expresa al escucharlo desde otro sitio, al analizar su secuencia de vida y protegerlo muchas veces de partes de sí mismo de las que él no se da cuenta, pero que están ahí; y tienen que ser recogidas, a veces para decirlo en el momento y otras para estar pendientes, no descuidarnos y no ser cómplices de lo que le pueda hacer daño o aumentar sus heridas.

Esto no va significar que a veces haya cosas que le puedan doler, que no es lo mismo que daño: duelen porque se escarba un poco en las heridas, porque se necesita entrar en los agujeros y recorrerlos para conocerlos; otras veces existirán frustraciones necesarias en todo aprendizaje interior y exterior, pero que nunca deben aumentar las carencias, sino más bien localizarlas y poder metabolizarlas para que luego pueda tener una vida más satisfactoria consigo mismo y con el mundo.

Bueno, ahora ya me tengo que despedir. Espero no haberte agobiado con todas estas cartas; sé que tu hermano Erik y tú muchas veces no quieren que los "muestre" tanto. Pero van desde mi cariño y mi querer no sólo a ti, sino también a muchos otros que quieran compartir conmigo esta experiencia de empezar a formarse.

Gracias por tu escucha. Por ser tú.

Loretta

MUCHAS GRACIAS

A Ana Eva, "mi amiga la del nombre largo", como la bautizó Erik cuando era chiquito, por su paciencia, revisión, sugerencias de los textos y por recuperar o escribir nuevamente los capítulos "desaparecidos" en el ordenador.

Al equipo de UmayQuipa tanto de Lima como Madrid, por colaborar con entusiasmo en cada nuevo proyecto, pero sobretodo con amor y alegría; especialmente a Encarni, que ha transcrito mi hablar de las cintas grabadas al papel...

A Carlos Alemany, por su atento mirar en mi manuscrito, por su entusiasmo, por sus sugerencias, por su apoyo constante a pesar de mis inseguridades.

A Pepe Alva, médico psiquiatra peruano que nos enseñó que, aun trabajando en la Seguridad Social, siempre hay un tiempo, dentro de los tres minutos que disponía para cada paciente, de escuchar y tocarlos, por más "locos" que algunos nos pudiesen parecer.

A la Dra. Alicia Pflucker, maestra y supervisora generosa de tantos años, que me acogió en las prácticas del Hogar Clínica

San Juan de Dios de Lima, y confió en mí a pesar de mi total desconocimiento de la psicología y psicoterapia infantil; al inmenso amor que ponía en las supervisiones de los casos, y a su compañía serena e inteligente a lo largo de los años, cuando la llamaba y acudía a su casa, a la hora de su desayuno, para que calmara mis inseguridades y mis angustias.

Al Hogar Clínica San Juan de Dios, que me enseñó la capacidad de amor, entrega, paciencia y buen trabajo profesional dentro de una institución, que es capaz de lograr con la voluntad y el interés la colaboración de todos los "pacientitos" y sus familiares.

A la Escuela de Psicoterapia Psicoanalítica de Lima; a Pedro, Fernando, Alberto y demás compañeros y profesores que han estado siempre junto a mí como alumna, como amigos, enseñándome la parte del Psicoanálisis que no es Tótem sino Tabú.

A Pancho Huneeus y a Nana Schnake, que llevaron la Gestalt al Perú y me formaron brindándome abiertamente todos sus conocimientos, sus historias, sus anécdotas.

Al Instituto Astton Petterning de Houston, por enseñarme a correr sin cansarme y a conocer mi cuerpo de un modo diferente.

A Miriam y Erv Polster, por mostrarme la vivencia de una linda pareja tanto a nivel personal como profesional, por abrirnos su casa en la Jolla a los estudiantes para cenar con ellos, por su paciencia en entender mi inglés y darme tanta confianza en mi modo de trabajar como psicoterapeuta.

A Gertrude Krausse y a su marido, que me recibieron en su casa de Florida, me llevaron a North Caroline y me ayudaron a que mi niña pudiera hablar y empezar a ser feliz.

A Norma Ferro, que tuvo paciencia para tolerar mis dudas y me ayudó a quedarme más tiempo en España y disfrutarla, a dejar mis cosas dañinas sin culpa y acompañarme en mi proceso de despedidas de Quincy.

A María José Villahoz, por nuestras charlas de los martes cuando empecé a trabajar en España, su compañía constante, su apertura de mente y de corazón, y su confianza en mis posibilidades.

A Marina, a Paula, a Rosa, a Pirem, Idoia... a todos los pacientes que me han brindado sus dibujos, sus cartas, con alegría y entusiasmo.

A todos mis pacientes, los de allá y los de aquí, por enseñarme cada día que la terapia es posible, que el encuentro sigue siendo mágico y que el proceso de cura o de sanar es posible desde un compromiso emocional por parte de ambos, desde la relación, desde el estar.

* * *

Hoy Pedro está terminando su formación en sicología clínica y desde el año 2003 (en los veranos peruanos) está viniendo a España a hacer sus cursos de especialización en psicoterapia en diferentes encuadres teóricos. El próximo año comienza su sexto año que en Perú consiste ya en trabajar todo el año en la práctica psicológica en algún centro especializado.

Serendipity

DIRECTORA: OLGA CASTANYER

ÚLTIMOS TÍTULOS PUBLICADOS

148. *El consejero pastoral. Manual de "relación de ayuda" para sacerdotes y agentes de pastoral.* ENRIQUE MONTALT ALCAYDE
149. *Tristeza, miedo, cólera. Actuar sobre nuestras emociones.* DRA. STÉPHANIE HAHUSSEAU
150. *Vida emocionalmente inteligente. Estrategias para incrementar el coeficiente emocional.* GEETU BHARWANEY
151. *Cicatrices del corazón. Tras una pérdida significativa.* ROSA Mª MARTÍNEZ GONZÁLEZ (2ª ed.)
152. *Ojos que sí ven. "Soy bipolar" (Diez entrevistas).* ANA GONZÁLEZ ISASI - ANÍBAL C. MALVAR
153. *Reconcíliate con tu infancia. Cómo curar antiguas heridas.* ULRIKE DAHM (2ª ed.)
154. *Los trastornos de la alimentación. Guía práctica para cuidar de un ser querido.* JANET TREASURE - GRÁINNE SMITH - ANNA CRANE (3ª ed.)
155. *Bullying entre adultos. Agresores y víctimas.* PETER RANDALL
156. *Cómo ganarse a las personas. El arte de hacer contactos.* BERND GÖRNER
157. *Vencer a los enemigos del sueño. Guía práctica para conseguir dormir como siempre habíamos soñado.* CHARLES MORIN
158. *Ganar perdiendo. Los procesos de duelo y las experiencias de pérdida: Muerte - Divorcio - Migración.* MIGDYRAI MARTÍN REYES
159. *El arte de la terapia. Reflexiones sobre la sanación para terapeutas principiantes y veteranos.* PETER BOURQUIN (2ª ed.)
160. *El viaje al ahora. Una guía sencilla para llevar la atención plena a nuestro día a día.* JORGE BARRACA MAIRAL (2ª ed.)
161. *Cómo envejecer con dignidad y aprovechamiento.* IGNACIO BERCIANO
162. *Cuando un ser querido es bipolar. Ayuda y apoyo para usted y su pareja.* CYNTHIA G. LAST
163. *Todo lo que sucede importa. Cómo orientar en el laberinto de los sentimientos.* FERNANDO ALBERCA DE CASTRO (2ª ed.)
164. *De cuentos y aliados. El cuento terapéutico.* MARIANA FIKSLER
165. *Soluciones para una vida sexual sana. Maneras sencillas de abordar y resolver los problemas sexuales cotidianos.* DRA. JANET HALL
166. *Encontrar las mejores soluciones mediante Focusing. A la escucha de lo sentido en el cuerpo.* BERNADETTE LAMBOY
167. *Estrésese menos y viva más. Cómo la terapia de aceptación y compromiso puede ayudarle a vivir una vida productiva y equilibrada.* RICHARD BLONNA
168. *Cómo superar el tabaco, el alcohol y las drogas.* MIGUEL DEL NOGAL TOMÉ
169. *La comunicación humana: una ventana abierta.* CARLOS ALEMANY BRIZ
170. *Aprender de la ansiedad. La sabiduría de las emociones.* PEDRO MORENO (5ª ed.)
171. *Comida para las emociones. Neuroalimentación para que el cerebro se sienta bien.* SANDI KRSTINIĆ
172. *Cuidar al enfermo. Migajas de psicología.* LUCIANO SANDRIN
173. *Yo te manejo, tú me manejas. El poder de las relaciones cotidianas.* PABLO POBLACIÓN
174. *Crisis, crecimiento y despertar. Claves y recursos para crecer en consciencia.* ENRIQUE MARTÍNEZ LOZANO (4ª ed.)
175. *Cuaderno de trabajo para el tratamiento corpomental del trastorno de estrés postraumático (TEPT). Programa para curar en 10 semanas las secuelas del trauma.* STANLEY BLOCK, doctor en medicina y CAROLYN BRYANT BLOCK
176. *El joven homosexual. Cómo comprenderle y ayudarle.* JOSÉ IGNACIO BAILE AYENSA
177. *Sal de tu mente, entra en tu vida. La nueva Terapia de Aceptación y Compromiso.* S. HAYES
178. *Palabras caballo. Fuerza vital para el día a día.* DR. J.M. FERNÁNDEZ-BALBOA (2ª ed.)
179. *Fibromialgia, el reto se supera. Evidencias, experiencias y medios para el afrontamiento.* BRUNO MOIOLI (2ª ed.)

180. *Diseña tu vida. Atrévete a cambiar.* Diana Sánchez González y Mar Mejías Gómez (2ª ed.)
181. *Aprender psicología desde el cine.* José Antonio Molina y Miguel del Nogal (2ª ed.)
182. *Un día de terapia. Radiografía de las emociones.* Rafael Romero Rico
183. *No lo dejes para mañana. Guía para superar la postergación.* P. S. Wiegartz, L. L. Gyoerkoe
184. *Yo decido. La tecnología con alma.* José Luis Bimbela Pedrola (3ª ed.)
185. *Aplicaciones de la asertividad.* Olga Castanyer (5ª ed.)
186. *Manual práctico para el tratamiento de la timidez y la ansiedad social. Técnicas demostradas para la superación gradual del miedo.* Martin M. Antony, PH.D y Richard P. Swinson, MD. (2ª ed.)
187. *A las alfombras felices no les gusta volar. Un libro de (~~auto~~) ayuda... a los demás.* Javier Vidal-Quadras
188. *Gastronomía para aprender a ser feliz. PsiCocina socioafectiva.* A. Rodríguez Hernández
189. *Guía clínica de comunicación en oncología. Estrategias para mantener una buena relación durante la trayectoria de la enfermedad.* Juan José Valverde, Mamen Gómez Colldefors y Agustín Navarrete Montoya
190. *Ponga un psiquiatra en su vida. Manual para mejorar la salud mental en tiempos de crisis.* José Carlos Fuertes Rocañín
191. *La magia de la PNL al descubierto.* Byron Lewis
192. *Tunea tus emociones.* José Manuel Montero
193. *La fuerza que tú llevas dentro. Diálogos clínicos.* Antonio S. Gómez
194. *El origen de la infelicidad.* Reyes Adorna Castro
195. *El sentido de la vida es una vida con sentido. La resiliencia.* Rocío Rivero López
196. *Focusing desde el corazón y hacia el corazón. Una guía para la transformación personal.* Edgardo Riveros Aedos
197. *Programa Somne. Terapia psicológica integral para el insomnio: guía para el terapeuta y el paciente.* Ana María González Pinto • Carlos Javier Egea • Sara Barbeito (Coords.)
198. *Poesía terapéutica. 194 ejercicios para hacer un poema cada día.* Reyes Adorna Castro y Jaime Covarsí Carbonero
199. *Abre tu consciencia.* José Antonio González Suárez y David González Pujana (2ª ed.)
200. *Ya no tengo el alma en pena.* Rosse Macpherson
201. *Ahora que he decidido luchar con esperanza. Guía para vencer el apetito.* José Luis López Morales, Enrique Javier Garcés De Los Fayos Ruiz
202. *El juego de la vida Mediterránea.* Mauro García Toro
203. *16 Ideas para vivir de manera plena. Experiencias y reflexiones de un médico de familia.* Daniel Francisco Serrano Collantes
204. *Transformación emocional. Un viaje a través de la escritura terapéutica.* N. Mendive
205. *Acompañar en el duelo. De la ausencia de significado al significado de la ausencia.* Manuel Nevado, José González (2ª ed.)
206. *Quiero aprender... a conocerme.* Olga Cañizares, Domingo Delgado (2ª ed.)
207. *Quiero aprender cómo funciona mi cerebro emocional.* Iván Ballesteros (2ª ed.)
208. *Remonta tu vuelo. Más allá de la fibromialgia hacia una nueva vida.* F. Gallastegui (2ª ed.)
209. *Vivir con el trastorno límite de la personalidad. Una guía clínica para pacientes.* Álvaro Frías Ibáñez (2ª ed.)
210. *Quiero aprender a quererme con asertividad.* Olga Castanyer (3ª ed.)
211. *Póker a la dieta. El juego para alcanzar tu peso ideal y mantenerlo de una forma natural y sencilla.* Federica Trombetta
212. *Recupera tu autonomía y bienestar personal.* José Antonio González Suárez
213. *¿A qué he venido yo aquí? Guía para comprender y mejorar la memoria.* Laura Vera
214. *Quiero aprender... a ser más eficiente en el trabajo.* Yolanda Cañizares Gil
215. *Vivir con una persona con Trastorno Límite de la Personalidad. Una guía clínica para familiares y allegados.* Álvaro Frías Ibáñez (Editor) (4ª ed.)

216. *La preocupación inútil.* LAURA VERA PATIER (2ª ed.)
217. *Esto de ser humano. Contemplando la luz a través de la herida.* B. RODRÍGUEZ VEGA (2ª ed.)
218. *La felicidad: qué ayuda y qué no. Psicología para entendernos.* L. MARTÍN BORGES
219. *Alteraciones de la identidad en personas con Trastorno Límite de la Personalidad. Una guía clínica para una psicoterapia colaborativa entre paciente y profesional.* ÁLVARO FRÍAS (ED.)
220. *Disfruta en escena. Y olvida tus miedos.* ELENA MARTÍN CALVO
221. *Mente plena, corazón contento. Un programa de Mindfulness y Regulación Emocional.* GONZALO PEREYRA SÁEZ
222. *Quiero aprender... a gestionar mi estrés.* ELENA MENDOZA - CARMEN CASTRO (2ª ed.)
223. *Mi único sí. Aprendizajes de un cáncer.* ANA CARDONA
224. *Altamente capaces (y divergentes).* RAFAEL PARDO FERNÁNDEZ - LUZ GONZÁLEZ RUBIN
225. *Las 7 tareas espirituales del duelo.* JOSÉ CARLOS BERMEJO (2ª ed.)
226. *Otromundo. Descubrirlo, vivirlo, comprenderlo. Una guía de viaje al mundo de las personas con demencia.* ERICH SCHÜTZENDORF - JÜRGEN DATUM
227. *Reactívate. Menos medicamento y más movimiento.* ANTONIO JESÚS CASIMIRO ANDÚJAR - JOSÉ ANTONIO SANDE MARTÍNEZ (2ª ed.)
228. *Meditación y creación literaria. Aprende a vivir y a escribir mejor.* PILAR BLANCO
229. *Me cuesta estar bien.* ROCÍO RIVERO
230. *Cuaderno de trabajo para el cambio de hábitos. Cómo romper hábitos negativos e instalar hábitos positivos.* JAMES CLAIBORN / CHERRY PEDRICK
231. *¿Tengo un trauma corporal? Herramientas somáticas para sentirte seguro con tu cuerpo.* ERIKA SHERSHUN
232. *Conoce tu ansiedad y aprende a gestionarla. Una visión integradora de la ansiedad.* PUBLIO VÁZQUEZ
233. *Psicología positiva: aprende a ser feliz con la ciencia del bienestar.* IAGO TAIBO
234. *La mesa de la vida. Manual contra el sufrimiento y la desesperanza.* E. GALINDO BONILLA
235. *La asertividad por dentro y por fuera.* OLGA CASTANYER - ELENA VILLAR
236. *Dinámicas de grupos. Aprende a convivir, trabajar y dirigir grupos.* J. GARCÍA FORCADA
237. *Cuaderno de trabajo para la ira basado en la Terapia de Aceptación y Compromiso (ACT). Gestionar nuestras emociones y recuperar nuestra vida.* MANUELA O'CONNELL - ROBYN WALSER
238. *Da vida a tus sueños. 12 caminos para crecer y despertar.* MAGDA BARCELÓ
239. *Bondad práctica y radical. Yo conmigo Yo contigo Nosotros y Nosotras.* JOSÉ LUIS BIMBELA

Serie MAIOR

36. *El tratamiento de los problemas de drogas. Una guía para el terapeuta.* M. DEL NOGAL (2ª ed.)
37. *Los sueños en psicoterapia gestalt. Teoría y práctica.* ÁNGELES MARTÍN (2ª ed.)
38. *Medicina y terapia de la risa. Manual.* RAMÓN MORA RIPOLL
39. *La dependencia del alcohol. Un camino de crecimiento.* THOMAS WALLENHORST
40. *El arte de saber alimentarte. Desde la ciencia de la nutrición al arte de la alimentación.* KARMELO BIZKARRA (5ª ed.)
41. *Vivir con plena atención. De la aceptación a la presencia.* VICENTE SIMÓN (2ª ed.)
42. *Empatía terapéutica. La compasión del sanador herido.* JOSÉ CARLOS BERMEJO
43. *Más allá de la Empatía. Una Terapia de Contacto-en-la-Relación.* RICHARD G. ERSKINE - JANET P. MOURSUND - REBECCA L. TRAUTMANN (2ª ed.)
44. *El oficio que habitamos. Testimonios y reflexiones de terapeutas gestálticas.* A. MARTÍN (ED.)
45. *El amor vanidoso. Cómo fracasan las relaciones narcisistas.* BÄRBEL WARDETZKI
46. *Diccionario de técnicas mentales. Las mejores técnicas de la A a la Z.* C. BENDER - M. DRAKSAL
47. *Humanizar la asistencia sanitaria. Aproximación al concepto.* JOSÉ CARLOS BERMEJO (2ª ed.)

48. *Herramientas de coaching ejecutivo.* Francisco Yuste (2ª ed.)
49. *La vocación y formación del psicólogo clínico.* Aquilino Polaino-Lorente y Gema Pérez Rojo (Coords.)
50. *Detrás de la pared. Una mirada multidisciplinar acerca de los niños, niñas y adolescentes expuestos a la violencia de género.* Sofía Czalbowski (Coord.) (2ª ed.)
51. *Hazte experto en inteligencia emocional.* Olga Cañizares; Carmen García de Leaniz; Olga Castanyer; Iván Ballesteros; Elena Mendoza (2ª ed.)
52. *Counseling y cuidados paliativos.* Esperanza Santos y José Carlos Bermejo (2ª ed.)
53. *Eneagrama para terapeutas.* Carmela Ruiz de la Rosa
54. *Habilidades esenciales del counseling. Guía práctica y de aplicación.* Sandy Magnuson y Ken Norem
55. *Río, luego existo. Guía completa para curiosos, talleristas y dinamizadores de grupo. Risoterapia integrativa.* M. Rosa Parés y José Manuel Torres
56. *Fuerzas que sanan. Constelaciones sistémicas sobre enfermedad y salud.* Peter Bourquin (Ed.)
57. *Herramientas de coaching: una aplicación práctica.* Paco Yuste Pausa
58. *Ilusión positiva. Una herramienta casi mágica para construir tu vida.* Lecina Fernández
59. *Cuando nada tiene sentido. Reflexiones sobre el suicidio desde la logoterapia.* Alejandro Rocamora Bonilla (2ª ed.)
60. *Apego y psicopatología: la ansiedad y su origen. Conceptualización y tratamiento de las patologías relacionadas con la ansiedad desde una perspectiva integradora.* Manuel Hernández Pacheco (7ª ed.)
61. *Trauma y presencia.* Peter Bourquin (Ed.)
62. *Personas altamente sensibles. Claves psicológicas y espirituales.* Rafael Pardo (2ª ed.)
63. *El eneagrama, el origen. Libro de consulta.* Macarena Moreno-Torres
64. *¿Por qué la gente a la que quiero me hace daño? Neurobiología, apego y emociones.* Manuel Hernández Pacheco (3ª ed.)
65. *El corazón de la sexualidad. La revolución de los afectos.* Alberto Mena Godoy
66. *Manual para dominar los pensamientos ansiosos. Habilidades para superar los pensamientos intrusivos no deseados que nos llevan a la ansiedad, las obsesiones y la depresión.* David A. Clark
67. *Manual de Gestión emocional para médicos y profesionales de la salud. Transformar la vulnerabilidad en recursos.* Belén Jiménez Gómez
68. *Psicología transpersonal para la vida cotidiana. Claves y recursos.* E. Martínez Lozano
69. *Viaje a tu cerebro. El arte de transformar tu mente.* Rosa Casafont i Vilar (2ª ed.)
70. *Apego, disociación y trauma. Trabajo práctico con el modelo PARCUVE.* Manuel Hernández Pacheco (3ª ed.)
71. *Cuaderno de trabajo de los pensamientos negativos. Habilidades de la TCC para superar la preocupación, la vergüenza y la rumiación repetitivas que impulsan a la ansiedad y la depresión.* David A. Clark, PhD
72. *¿Quién soy? De la disociación a la integración.* Peter Bourquin / M. Salvador (2ª ed.)
73. *Las obsesiones y el trastorno obsesivo-compulsivo. Una adicción al pensamiento. Entenderlos y superarlos con el modelo PARCUVE* Manuel Hernández Pacheco
74. *Gestalt en la práctica. Propuestas y ejercicios.* A. Martín González y C. Matesanz Pimentel
75. *Orientación psicológica ante el duelo por un suicidio.* Daniel Olmos
76. *Cómo retener los recuerdos. Sensojuegos terapéuticos para estimular la fijación de la memoria y la retención de los recuerdos en el Alzheimer y otras patologías.* Carles Bayod
77. *Aprendiendo a habitarnos. Un modelo de intervención psicoterapéutica con personas con historia de trauma.* Pepa Horno Goicoechea
78. *Violencia vicaria. Golpear donde más duele.* Sonia Vaccaro
79. *Reconocer y superar las relaciones tóxicas y la dependencia emocional. El apego adulto y el modelo PARCUVE.* Manuel Hernández Pacheco